3

Die Weisheit der Natur

Werner Telesko

DIE WEISHEIT DER NATUR

*Heilkraft und Symbolik
der Pflanzen und Tiere
im Mittelalter*

Prestel

München · London · New York

Auf dem Umschlag: Frühling (Detail), siehe Seite 47
Umschlag Rückseite: Veilchen (Detail), siehe Seite 43

Die Deutsche Bibliothek – CIP-Einheitsaufnahme
Ein Titeldatensatz für diese Publikation ist bei
Der Deutschen Bibliothek erhältlich.

Prestel Verlag
Mandlstraße 26 · 80802 München
Telefon   089/381709-0
Telefax   089/381709-35
E-mail   info@prestel.de
www.prestel.de

© Prestel Verlag
München·London·New York, 2001

© der abgebildeten Werke siehe Bildnachweis Seite 95

Lektorat: Eckhard Hollmann

Gestaltung und Herstellung: Kluy & Kluy, Berlin
Lithographie: LVD, Berlin (Abbildungen auf den Seiten
84 – 93: phg, München)

Druck und Bindung: Westermann Druck Zwickau

Gedruckt auf chlorfrei gebleichtem Papier

Printed in Germany

ISBN 3-7913-2525-6 (deutsche Ausgabe)
ISBN 3-7913-2585-X (englische Ausgabe)

Inhalt

Einleitung

Natur und Medizin im Mittelalter

Das mittelalterliche Naturverständnis muß in unmittelbarer Beziehung zum religiös geprägten Weltbild gesehen werden. Die Natur ist nach der Anschauung des Mittelalters ein Buch, in das Gott seine Botschaft geschrieben hat und in dem er sich offenbart. Der gebildete Mensch ist daher aufgerufen, in diesem »Buch der Natur« zu lesen. Verkürzt dargestellt fungiert die Natur somit als Werk und Ausdrucksmittel der Gottheit. Im Anschluß an den Psalmisten (Psalm 148) und das Loblied der Schöpfung im Buch Daniel 3, 57–90 ist in der Dichtkunst häufig davon

Abb. 1 Wien, Österreichische
Nationalbibliothek,
Ms. phil. gr. 2, Blatt 1r,
mit Initiale der »Physik«

die Rede, daß die Natur in ihrer Gesamtheit den Schöpfer lobt. Tag und Nacht gelten als Sinnbilder der guten und bösen Mächte. Der Frühling gemahnt an die Auferstehung Christi und der Wechsel der Jahreszeiten weist auf die Vergänglichkeit alles Irdischen hin. In der Literatur ist oft eine symbolische Deutung der Abfolge der Jahreszeiten zu bemerken. So setzte Sedulius Scotus (Mitte des 9. Jahrhunderts), Haupt der irischen Kolonie in Lüttich, die Trauer zur Winterszeit mit der Abwesenheit, die Frühlingsfreude mit der Rückkehr seines Gönners, des Bischofs Hartgar von Lüttich, in Beziehung. Verschiedene Klagegedichte der mittelalterlichen Dichtkunst fordern die Natur zur Teilnahme am Schmerz des Verfassers auf, was häufig mit der Unfruchtbarkeit des Bodens etc. beschrieben wird. Oft sind im Mittelalter drohende Naturerscheinungen symbolische Zeichen, die entweder politische Ereignisse ankündigen oder aber als Ausdruck der Trauer der Natur über gefallene Helden (z.B. Rolandslied) verstanden werden müssen.

Bereits die Antike hatte den Begriff und die Personifikation der Natur mit einem umfangreichen Katalog von Funktionen verbunden: Schöpferin der Welt, Vater und Mutter aller Dinge, Bildnerin der Erde, der Orte und der Menschen, Ordnerin des Chaos und Ernäherin der Menschheit. Diese Gedanken fanden später auch Eingang in zahlreiche Illustrationen der Buchmalerei, etwa in eine Initiale der »Physik« des Aristoteles aus dem ausgehenden 15. Jahrhundert (Abb. 1), in der die »Natur« mit einem Strahl ihrer Milch die Erde nährt.[1] In drastischer Weise wird dieser Gestaltungsprozeß in einer Miniatur in einem Rosenroman, der in Burgund zwischen 1487 und 1504 entstanden ist, illustriert: *Natura* hat hier ein fast fertiggestelltes Kind auf ihrem Amboß in Arbeit, lediglich ein Bein fehlt. Die auf dem Boden in der linken Bildhälfte liegenden Prototypen sind durch ihre graue Farbe als vorgefertigtes Material zu erkennen (Abb. 2).[2]

Die Liebe des Mittelalters zur Pflanzenwelt spricht bereits aus den Schilderungen und Zeichnungen der Klostergärten. Der »Garten« (*Hortus*) darf als ein Kernbegriff des mönchischen Denkens gesehen werden.

Abb. 2   London, British Library, Ms. Harley 4425, Blatt 140r, Miniatur mit der »Natur«

Neben dem Obst- und dem Gemüsegarten wird zumeist auch ein Blumengarten erwähnt. Zusammen mit den Heil- und Gewürzpflanzen stellten die Pflanzen mit hoher religiöser Bedeutung wie zum Beispiel die Madonnenlilie und die Rose (S. 38, 40) essentielle Bestandteile klösterlicher Gärten dar. Vor allem wurden viele Pflanzen wegen ihrer heilkräftigen Wirkung angepflanzt und dann in Klosterapotheken verwendet. So hat etwa Kaiser Karl der Große in seiner Verordnung *Capitulare de villis* (795) zur Verwaltung und Bewirtschaftung des fränkischen Reichsgutes angeordnet, daß in jedem Hof Rose, Lilie, Rosmarin, Scylla, Schwertlilie, Sonnenblume, Mohn, Malve und Eibisch anzupflanzen seien.

Die Mönche galten zudem als besondere Kenner der Heilkunde. Das Abschreiben von Texten antiker Ärzte bewahrte wesentliche Inhalte der großen Autoritäten medizinischer Weisheit (Hippokrates, Dioskurides, Galenos und Celsus) bis zur Gründung der Universitäten. In diesem Sinne haben mittelalterliche Autoren die bedeutenden medizinischen Schriften der Antike zusammengefaßt wie etwa Walahfrid Strabo (808/809–849), Abt von Reichenau, die Kräuterlehre des Dioskurides und des Plinius in seinem in den vierziger Jahren des 9. Jahrhunderts entstandenen *Hortulus*.

Den Pflanzen kommt in der Heilsgeschichte eine wesentliche Stellung zu. Nach christlicher Lesart ist der Mensch durch den Sündenfall ein gebrechliches Wesen geworden, hinfällig, krank und dem Tod unterworfen. Das Leitbild des Heils ist für den Mediziner Christus als Arzt, *Christus medicus*. Durch die Heilmittel vermag der Arzt, der als »Partner« der Natur angesehen wird, nicht nur den Säftehaushalt auszugleichen, er wird den Menschen auch auf einen Gott wohlgefälligen Lebenswandel führen können. Auf diese Weise gewinnt alle irdische Medizin den höheren Stellenwert eines Wegweisers zum Himmel. Nach Arnald von Villanova (1240–1311), einem Lehrer an der Medizinschule von Montpellier, hat der Allmächtige die Medizin geschaffen und sie dient dem Menschen im Ganzen. Sie sei nicht nur Mittel zur Erhaltung der Gesundheit, sondern auch zur Vervollkommnung des Lebens. Auch Hildegard von Bingen (1098–1179), Gründerin und Äbtissin eines Nonnenklosters auf dem Rupertsberg bei Bingen am Rhein, ging davon aus, daß sich Gottes Macht »im Unbekannten der Pflanzen« befindet.

Die Anwendung von pflanzlichen Heilmitteln bildet im Mittelalter nur eine mögliche Art der medizinischen Behandlung. In der Hierarchie der Heilmaßnahmen des berühmten Bischofs und Gelehrten Isidor von Sevilla (ca. 570–636) werden prinzipiell drei Arten von Heilmaßnahmen beschrieben, die in strenger Reihenfolge ihrer Anwendung lauten: Diätetik als Lebensordnung, Pharmazie als Heilmittellehre und Chirurgie als »Eingriff mit der bewaffneten Hand«.

Kräuterbücher und Tacuinum sanitatis

Seit prähistorischer Zeit benützte der Mensch tierische, pflanzliche und mineralische Stoffe aus der Natur zu Heilzwecken. Kräuterbücher, die Namen und Beschreibungen von Pflanzen beinhalten, gehörten zwar nicht im engeren Sinne zu den medizinischen Werken, doch bestand die Pharmakopöe noch in der Zeit des Paracelsus (1493–1541) vorwiegend aus pflanzlichen Drogen, weshalb der Arzt die Kenntnis der offiziellen Pflanzen wenigstens am Rand pflegen mußte. In der Antike waren es in erster Linie die Drogensammler und Wurzelgräber (*Rhizotomoi*), die sich mit der Bereitstellung jener wichtigsten Quelle von Medikamenten befaßten.

Heilpflanzen können äußerlich als Balsam, Salbe oder Pflaster angewendet werden. Zur inneren Heilung werden sie wirksam als Trank, als Pulver, als Sirup, als Öl, in Pillenform oder als Leckmittel (*electuarium*). Die im Mittelalter verwendeten Arzneien sind zum Großteil als Kombinationspräparate zu bezeichnen, also als Mixturen verschiedener Heilstoffe, die manchmal noch chemisch bearbeitet wurden. Die meisten Präparate, entweder in Form von Pasten, Tränken oder Salben, waren in der Herstellung weniger kompliziert als das sagenumwobene *mithridate*, dessen Anwendung nur Königen vorbehalten war. Viele Mediziner verbanden die Rolle eines Arztes mit der des Apothekers und vertrieben somit ihre eigenen Arzneien.

Als eine der ältesten medizinischen Illustrationen darf der um 400 n. Chr. entstandene Papyrus, der nach seinem Entdecker (1904 in Antinoopolis, Ägypten) »Papyrus Johnson« benannt wird, bezeichnet werden. Man kann davon ausgehen, daß in der griechischen und römischen Antike medizinische Bücher überwiegend bebildert wurden. Im Mittelalter hingegen waren die meisten Abhandlungen zur *Materia medica* nicht illustriert, woraus sich schließen läßt, daß das zur Bestimmung der Pflanzen nötige Wissen zum größten Teil mündlich oder unmittelbar am Beispiel der Pflanzen selbst und weniger durch Buchlektüre weitergegeben wurde.

Zwischen dem 3. Jahrhundert v. Chr. und dem 7. Jahrhundert n. Chr. war Alexandria das wichtigste Zentrum medizinischer Forschung und Ausbildung, doch ist aus dem gewaltigen Reservoir medizinischer Papyrusrollen nichts erhalten geblieben, was konkreteren Aufschluß über die Herkunft der Illustrationen geben könnte. Ebenso schwierig ist die Beantwortung der Frage, für welchen Benützer die Handschriften mit medizinischen Abbildungen konkret gedacht waren. Welche Rolle spielten sie in der täglichen medizinischen Praxis oder dienten sie ausschließlich der Wissensvermittlung? Diese Frage ist deshalb schwer zu klären, weil die Handschriften häufig von ihren Besitzern nur die Namen und sehr wenig über ihren Gebrauch verraten.

Als die wesentlichsten Quellen der meisten kräuterkundlichen Werke können bis in die Neuzeit griechisch-byzantinische Werke, die viele volksmedizinische Elemente enthalten, angesehen werden. Die bedeutendsten antiken Vorbilder für die mittelalterlichen Herbarien sind die Kräuterbücher des Krateuas, Leibarzt des Mithridates IV. von Pontos (120–63 v. Chr.), des Pseudo-Apuleius (oder *Apuleius Barbarus* bzw. *Apuleius Platonicus*, um 400 n. Chr.) und des Pedanios Dioskurides aus Anazarba in Kilikien/Osttürkei (erste Hälfte des 1. Jahrhunderts n. Chr.), der unter dem römischen Kaiser Claudius (41–54 n. Chr.) als Militärarzt wirkte und dessen Hauptwerk *De Materia Medica* in viele Sprachen, unter anderem in das Angelsächsische, Provenzalische, Persische und Hebräische übersetzt wurde.

In der Urfassung des lateinischen Apuleius-Herbariums dürften bereits ältere Vorlagen für die Illustrationen der Pflanzen verwendet worden sein. Insgesamt unterscheidet die Forschung hinsichtlich der unterschiedlichen Versionen des Pseudo-Apuleius eine süditalienische, eine deutsche und eine anglonormannische Handschriftengruppe, deren Ausläufer bis in das 13. Jahrhundert reichen. Während das Werk des Krateuas alphabetisch angeordnet war, bemühte sich die pharmakologische Sammlung des Dioskurides um eine sachgemäße Systematik der behandelten Objekte. Diese Materialsammlung in fünf Büchern mit ca. 600 Pflanzen, Bäumen, Wurzeln, Kräutern, Aromata, Ölen, Salben und Mineralien stand in überaus hohem Ansehen, wurde von Galenos als die vollkommenste ihrer Art gepriesen und im Mittelalter häufig kopiert. Anfangs als reine Texthandschrift konzipiert, stellte sich bald das Bestreben ein, die Gewächse auch in bildlicher Form darzustellen. Daraus ergab sich die Schwierigkeit der botanischen Identifizierung mancher Pflanzenbilder, da der Illustrator häufig nicht genau wußte, wie das

Abb. 3 Wien, Österreichische Nationalbibliothek, Cod. 93, Blatt 61v, Homer, der Heilkundige und Hermes mit dem Kraut Moly

Gewächs wirklich beschaffen war. Diese auch für die Folgezeit nicht unwesentliche Problematik zeigt die Illustration zum sagenhaften Kraut *Moly* in der berühmten Wiener Dioskurides-Handschrift[3], wo die Miniatur große bräunliche Blüten zeigt, der Text diese hingegen als weißlich und kleiner als Veilchenblüten beschreibt. Es gibt in dieser Handschrift Darstellungen, welche der Naturform nicht völlig entsprechen; manche sind offenbar frei erfunden. Viele Namen der Heilmittel berufen sich auf älteste Überlieferungen, reichen zurück bis in die heidnische Vorzeit und nehmen häufig Namen antiker Götter auf.

Das legendäre Kraut *Moly* ist zudem in besonderer Weise geeignet, die Frage der antik-mythologischen Verankerung der Pharmakologie deutlich zu machen. Bekannt ist diese Pflanze aus Homers Odyssee, wo es Odysseus von Hermes als Mittel gegen die Zauber der Circe erhält. Die entsprechende Miniatur in einem Codex der Österreichischen Nationalbibliothek, einer Sammlung antiker Medizinweisheiten aus dem 13. Jahrhundert (Abb. 3), zeigt links den Dichter Homer.[4] In der Mitte steht der Heilkundige (*archiater*), der sich dem Dichter zuwendet, rechts ist Hermes zu sehen, der in jeder Hand eine Pflanze hält. Welches Gewächs sich im Sinne der heutigen Botanik konkret mit *Moly* identifizieren läßt, ist nicht genau bestimmbar, vielleicht *Allium Moly*. Der entsprechende Text zum Bild gibt an, daß die Pflanze als Heilmittel gegen Gebärmutterschmerzen verwendet wird. Eine anderes Beispiel für den mythologischen Ursprung von Pflanzen in Handschriften des Pseudo-Apuleius ist die *Herba Artemisia*, welche Diana entdeckt und deren gute Eigenschaften sowie Arzneien dem Kentauren Chiron übermittelt haben soll (Abb. 4).[5]

Die erwähnte Wiener Dioskurides-Handschrift weist die ältere alphabetische Gliederung der *Materia medica* auf, und zu jedem Pflanzenbild (383 ganzseitige Pflanzenbilder auf Blatt 12v bis 387r) sind Texte nach Dioskurides, Krateuas und Galenos gestellt, zusammen mit Reihen von Varianten des jeweiligen Pflanzennamens, hauptsächlich nach Pamphilos. Diese berühmte Handschrift, die vor 512 in Konstantinopel im Auftrag der Bürger des Stadtviertels Honoratae für Juliana Anicia, die Tochter des Flavius Anicius Olybrius, Kaiser des Weströmischen Reiches im Jahr 472, angefertigt worden ist, und bis in das 16. Jahrhundert hinein im Gebrauch der Ärzte war, enthält prachtvolle spätantike Pflanzenbilder, die sich stilistisch

Abb. 4   Oxford, Bodleian Library, Ms. Ashmole 1462, Blatt 18r, Herba Artemisia

Abb. 5 Wien, Österreichische
Nationalbibliothek,
Cod. med. gr. 1, Blatt 29v,
Arnoglosson

Abb. 6 Wien, Österreichische
Nationalbibliothek,
Cod. med. gr. 1, Blatt 194v,
Kestron

in hellenistische, fast naturstudienhafte Miniaturen[6] (Abb. 5) und stark vereinfachte und schematisierte, nun nicht mehr räumlich aufgefaßte Pflanzenbilder[7] (Abb. 6) trennen lassen. Die Verbreitung der Schriften des Dioskurides war nicht auf Europa beschränkt, sondern erfaßte auch die islamische Welt. Eine arabische Übersetzung von *De Materia Medica* aus dem Griechischen wurde von einem Christen in Bagdad um das Jahr 854 durchgeführt.

Vom 5. bis 10. Jahrhundert wurden immer wieder Abschriften des Kräuterbuchs des Dioskurides und des lateinischen Herbariums des Pseudo-Apuleius hergestellt. In der Geschichte der illustrierten Kräuterbücher dürfte die Kontinuität zwischen der hellenistischen und der mittelalterlichen Epoche sehr viel größer sein als in anderen Bereichen der medizinischen Illustration. Die naturnahe Qualität der Darstellungen im Wiener Dioskurides wurde aber bis zum 15. Jahrhundert nicht mehr erreicht. Die Illustration der Herbarien läuft in vielen Beispielen in der Weise ab, daß nicht nur das pflanzliche Mittel selbst vorgestellt, sondern zudem ein erklärender szenischer Zusammenhang hergestellt wird, um die Wirkkraft des Heilmittels mit Hilfe einer Erzählung entsprechend zu verdeutlichen.

Außer den »reinen« Kampfszenen gegen bissige Hunde, Schlangen und Skorpione gibt es auch »kombinierte« Kampfszenen, die zugleich den Kampf bzw. den Biß und die Überreichung des aus der betreffenden Pflanze gewonnenen Heiltrankes durch den Arzt wiedergeben. Solche Darstellungen von Arzt und Patient als »Behandlungsbilder«, die zum großen Teil alltägliche Erfahrungen des Lesers und Betrachters aufgreifen und keinen speziellen wissenschaftlichen Charakter aufweisen, können um mehrere Personen erweitert werden, aber auch in einer Miniatur unterschiedliche Behandlungsformen zeigen. Ein Beispiel in dieser Hinsicht ist ein, um 1200 entstandener, Bilderbogen mit ärztlichen Behandlungsszenen in einer Handschrift der Bodleian Library in Oxford (Abb. 7), der eine Augenbehandlung im oberen Teil mit einer Nasenbehandlung im unteren Teil kombiniert.[8]

Abb. 7   Oxford, Bodleian Library, Ms. Ashmole 1462, Blatt 10r, Bilderbogen mit ärztlichen Behandlungsszenen

Abb. 7   Oxford, Bodleian Library, Ms. Ashmole 1462, Blatt 10r, Bilderbogen mit ärztlichen Behandlungsszenen

Durch das häufige Kopieren der vorgegebenen Pflanzenformen nahm die Naturtreue in den Miniaturen zunehmend ab, vor allem, wenn Pflanzen des Mittelmeerraumes dargestellt wurden, die nördlich der Alpen nicht gedeihen konnten, so daß sie den Miniatoren unbekannt bleiben mußten. So ist in den – wohl in Süditalien oder Sizilien entstandenen – Miniaturen des erwähnten Wiener Codex aus dem 13. Jahrhundert, der wesentlich auf dem Wiener Dioskurides fußt, ein merkliches Nachlassen in der Naturtreue der Pflanzenbilder festzustellen. Allerdings setzte der Miniator der Handschrift des 13. Jahrhunderts durch die Integration von Städtebildern, ärztlichen Behandlungen, dramatischen Szenen von Kämpfen mit giftigen sowie mythischen Tieren und mythologischen Wesen wie Kentauren und Genien in seinen Illustrationen andere inhaltliche Akzente.

Im Verlauf des 13. Jahrhunderts entstand neben der Gruppe um den Pseudo-Apuleius eine neue Generation von Büchern zu medizinischen Heilstoffen, die sich auf Texte, die sich in Übersetzungen aus dem Arabischen fanden, stützten und neue Substanzen und Rezepturen enthielten. Die frühesten bekannten Exemplare einer illustrierten Handschrift des *Tractatus de herbis* stammen aus der ersten Hälfte des 14. Jahrhunderts und wurden im süditalienischen Apulien geschaffen. In diesen Büchern ist ein klarer Bruch mit der Bildtradition des Pseudo-Apuleius offensichtlich, da hier erste Zeichen einer entschiedenen Rückkehr zur Naturbeobachtung festzustellen sind. Die abstrakten, stilisierten Herbarien nördlich der Alpen hatten sich im Laufe der Zeit allmählich von ihrem ursprünglichen Zweck entfernt, dem Arzt oder Kräuterfachmann eine Anleitung zu geben, die Pflanzen, nach denen er suchte, zu identifizieren. Eine Handschrift des *Liber de Simplici Medicina* (*Secreta Salernitana*), der eine Art Wörterbuch von Arzneimitteln darstellt, ist im frühen 14. Jahrhundert in Salerno entstanden.[9] In seinen Miniaturen fand eine revolutionäre Wandlung statt: Die Illustrationen verlassen die überlieferten Schemata und zeugen von einer intensiven Naturbeobachtung. Eine Miniatur dieser Handschrift kombiniert eine monumentale Darstellung des »Gemeinen Hauswurz« (Abb. 9) mit einer Szene, in der ein Mann neben einer Stadt beschäftigt ist, mit einer Hacke Schwefel (*sulfur*) abzubauen.[10] Schwefel selbst war als medizinische Substanz nicht so wichtig wie die »Schwefelblumen«, ein Produkt, zu dessen Herstellung man rohen Schwefel raffinierte. Er findet sich in zahlreichen mittelalterlichen Rezepten als Abführ- und Lösungsmittel oder als schweißtreibendes Mittel. Auffällig im Gegensatz zu den starren Bildtraditionen des Dioskurides und des Pseudo-Apuleius ist, daß die starke Berücksichtigung von Details und Blattformen (Abb. 8)[11] zuweilen mit einer veränderten Anlage der gesamten Komposition einhergeht, was bedeutet, das sich die Darstellung einer Pflanze fallweise über die ganze Seite hinranken kann.

Ein berühmtes Pflanzen- und Kräuterbuch schrieb ein Paduaner Mönch namens Jacopo Filippo um 1390/1400 für Francesco Carrara II., den Signore von Padua. Francesco Carrara II. wurde im Jahr 1403 abgesetzt und drei Jahre später in einem venezianischen Gefängnis erdrosselt. Das mit seinem Namen verbundene Kräuterbuch stellt die italienische Übersetzung (*Herbolario volgare*) eines arabischen Werkes von Serapion dem Jüngeren (um 800 n. Chr.) dar und ist für seine Detailtreue und Farbgebung berühmt.[12] Die Gouachezeichnung der Melone (*melones*) (Abb. 10) führt mit fein abgestuften Farben, detailliert gezeichneten Äderungen, Lichteffekten und unterschiedlichen Entwicklungsphasen vor, daß sie auf einem genauen Pflanzenstudium beruht.[13] Offenkundig ist, daß bei dieser Miniatur das Pflanzenporträt auf der Basis eines peniblen Naturstudiums stärker im Vordergrund stand als die botanische Bestimmung selbst. Die Zeichnungen der Handschrift zeigen einen sehr individuellen Zugang in der visuellen Umsetzung, da sie die traditionell vorgegebene gesamthafte und regelmäßige Darstellung der Pflanze aufgeben (Abb. 11)[14] und diese stattdessen in freier und asymmetrischer Form in diagonaler Richtung über die Buchseite führen (Abb. 12).[15]

Die grundlegende Bedeutung dieser Londoner Handschrift in der Wende zu einer neuen Sichtweise der botanischen Illustra-

Abb. 9 London, British Library, Ms. Egerton 747, Blatt 88v, »Gemeiner Hauswurz«

Abb. 10 London, British Library, Ms. Egerton 2020, Blatt 161v, Melone

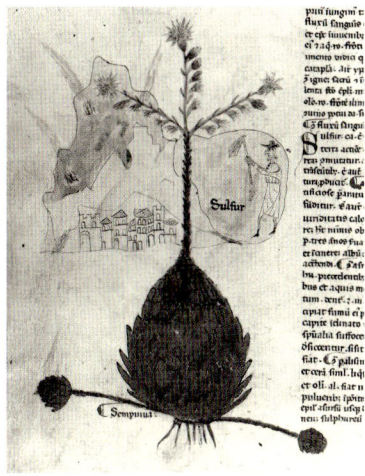

tion, die auf einem präzisen Naturstudium beruht, erkennt man auch aus Benedetto Rinios 1419 von Andrea Amadio geschaffenen *Liber de Simplicibus*, der in zumindest zwanzig seiner 500 ganzseitigen Illustrationen jene des Kräuterbuches für Francesco Carrara II. kopiert.[16] Der Arzt Rinio stützte sich in seinem Text auf viele Autoritäten des Altertums und des Mittelalters und führte zudem einige sonst nicht auftretende Pflanzen an.

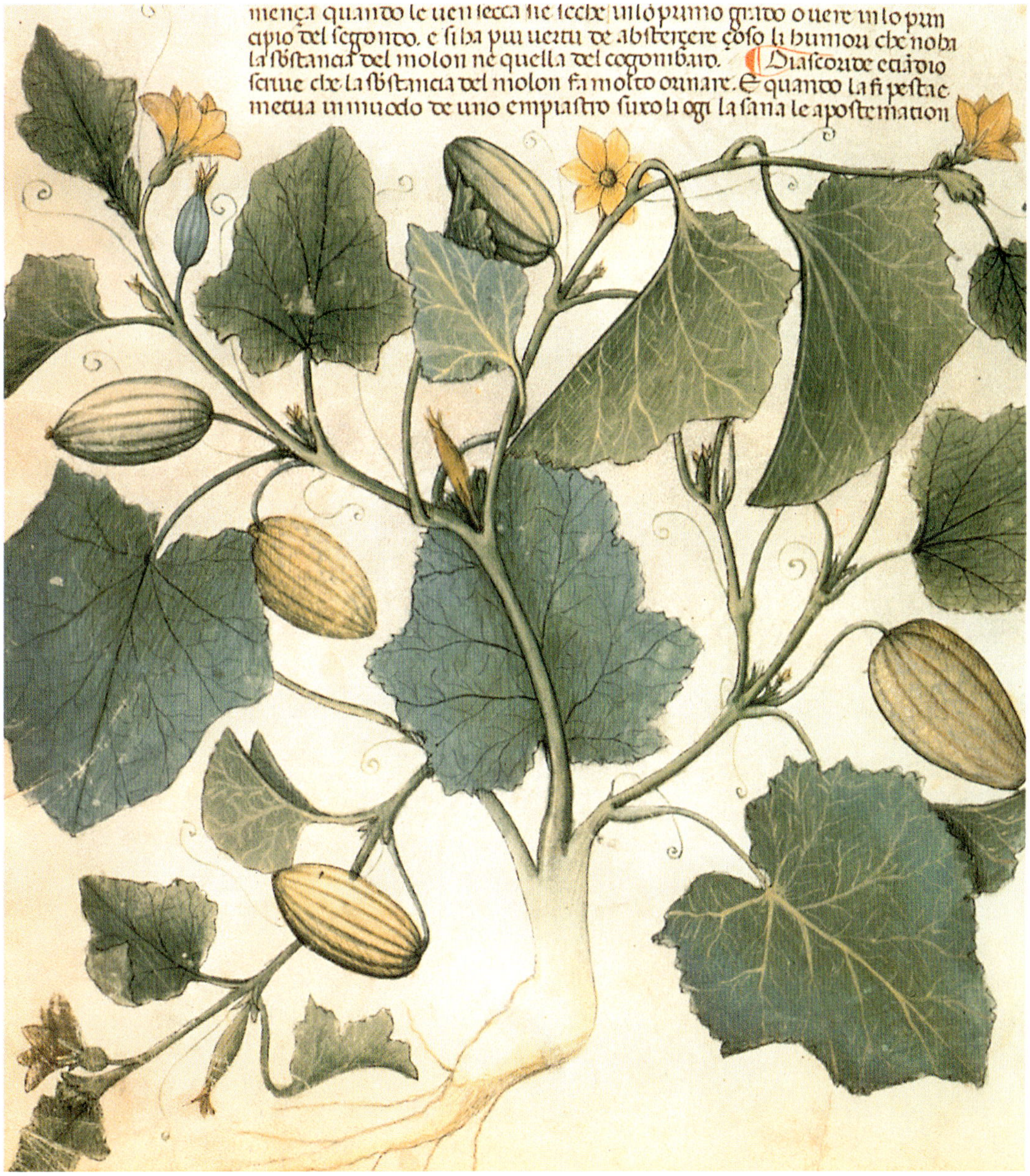

Ein Pflanzenbuch, das um 1500 in Norditalien hergestellt wurde, zeigt am Ende der Entwicklung der illustrierten Herbarien in der Buchmalerei des 15. Jahrhunderts, wie die botanisch-analytische Darstellung einer Pflanze in einen szenischen Zusammenhang integriert werden kann, was am Beispiel der Alraunwurzel (Abb. 13), die von einem Jagdhund aus dem Boden gezogen wird (S. 44), besonders deutlich wird.[17]

Der Text des Paduaner *Herbolario volgare* der British Library in London leitet über zur Tradition der arabischen *Tacuina* bzw. jener Handbücher, in denen die Charakteristika der einzelnen Pflanzen auf eine Reihe von Eigenschaften reduziert sind, die ihren Ursprung in der Lehre der griechischen Physiologie von den vier Körpersäften (Blut, Schleim, gelbe und schwarze Galle) haben, wie sie von Galenos mit der antiken Elementenlehre zu einem geschlossenen System ausgebildet und auch im Mittelalter von der Äbtissin Hildegard von Bingen vertreten wurde. Gesundheit kann in dieser Hinsicht als ausgewogene Mischung der Säfte, Krankheit als gestörte Mischung bezeichnet werden.

Das Interesse hat sich in dieser Textgattung von der lehrbuchhaften Darstellung zu reich ausgestalteten Illustrationen verlagert, welche die Bedeutung der Pflanzen im täglichen Leben des Menschen anschaulich demonstrieren. Die *Tacuinum*-Handschriften markieren zudem einen Bedeutungs- und Funktionswandel in der Pflanzendarstellung selbst: Einige der attraktivsten Blumendarstellungen des 15. Jahrhunderts finden sich nicht nur in Herbarien, sondern auch in Florilegien, in den Randilluminationen von Handschriften, in Skizzenbüchern oder in den autonomen Zeichnungen eines Pisanello, Jacopo Bellini, Leonardo da Vinci und Albrecht Dürer. Werke der Tafelmalerei des 15. Jahrhunderts beweisen, daß die dort dargestellten Gärten

Abb. 11 London, British Library, Ms. Egerton 2020, Blatt 28r, Wein

Abb. 12 London, British Library, Ms. Egerton 2020, Blatt 33r, Ackerwinde

16

alles an Pflanzen enthalten, was bereits Albertus Magnus (um 1193 bis 1280) in seinen *Libri de vegetabilibus* als grundlegend für einen mittelalterlichen Garten beschrieb. Die Darstellung von Kräutern und Pflanzen in symbolischen Zusammenhängen, besonders im Kontext marianischer Ikonographie in der altniederländischen Tafelmalerei, weist auf die große Tradition hochmittelalterlicher Blumensymbolik zurück, wie sie besonders in der Kathedralplastik des 12. und 13. Jahrhunderts zum Ausdruck kommt.

Tacuinum sanitatis

Tacuinum ist ein arabisches Wort (*taqwim*), das unübersetzt geblieben ist, dem aber eine lateinische Endung angehängt wurde. *Tacuino* bedeutet im Italienischen soviel wie »Notizbuch«. Die arabische Übersetzung zu *Tacuinum sanitatis* lautet *Taqwim es-sihha. Taqwim* bedeutet »tabellarische Übersicht«, *es-sihha* heißt »der Gesundheit«. Die ursprüngliche Form kann auf diese Bezeichnungen bezogen werden. Bei dem Werk handelt es sich um eine auf der Basis der antiken Humoralpathologie erstellte Entsprechungstabelle, die 280 Objekte – zum größten Teil Nahrungs- und Genußmittel – behandelt und deren positive und negative Auswirkungen auf den Menschen beschreibt. Außer den Nahrungsmitteln werden noch zahlreiche andere Objekte in ihrer Beziehung zur menschlichen Gesundheit wie Wohlgerüche, Jahreszeiten, Winde, Kleider, Wohnräume, sportliche Betätigungen, Genuß etc. klassifiziert. Die Zusammenstellung der Objekte, die in der Originalhandschrift nach Sachgruppen durchgeführt ist, wird in den Bildhandschriften beibehalten. Das Ergebnis ist ein über den speziellen Charakter eines Herbariums weit hinausgehendes und umfassendes Werk für viele Fragen der Gesundheit und der Lebensführung. Häufig steht nicht die Pflanze an sich im Mittelpunkt des Interesses, sondern die damit verbundene menschliche Handlung, etwa in Gestalt der Erntetätigkeit (S. 48). Um der Aufreihung der Pflanzen die Eintönigkeit zu nehmen, wurden diese mit Genrefiguren aus ganz unterschiedlichen gesellschaftlichen Schichten kombiniert. Von den 206 Miniaturen der Wiener Handschrift[18] sind nur vier ohne Personen gestaltet, wie es überhaupt charakteristisch für die bildende Kunst dieser Zeit ist, daß alltägliche Beschäftigungen zu einem wichtigen Thema bildlicher Darstellungen werden.

Der Name des Verfassers wird in den einzelnen Handschriften am Beginn der Einleitung genannt und in der Namensform jeweils geringfügig variiert: *Ellbochasim de baldach, Elluchasem elimithar* und *Albulkasem de Baldac* (»Autorenbild«, S. 24). Alle diese Namensformen sind Übersetzungsformen von

Abb. 13 München, Bayerische Staatsbibliothek, Cod. icon. (bot.) 26, Blatt 59r, Alraunwurzel

Abu'l Hasan al Muhtar ibn al Hasan ibn Abdun ibn Sa'dun ibn Botlan. Dieser nestorianisch-christliche Arzt war in seiner Heimatstadt ein Schüler des Mediziners Ibn et-Taijib, der 1043 starb. In Aleppo, wo Ibn Botlan vor 1047 seine ärztliche Tätigkeit ausübte, scheint er Christ geworden zu sein und starb um 1064. Von seiner *Taqwim es-sihha* sind neun arabische Handschriften überliefert, von der lateinischen Übersetzung 17 Codices. Die erste lateinische Übersetzung datiert in die zweite Hälfte des 13. Jahrhunderts, der erste Druck erschien in Straßburg im Jahr 1531. Bereits 1533 folgte eine deutsche Übersetzung.

Von einer kürzeren Fassung des Textes können mehrere Handschriften mit mehr als 200 Miniaturen nachgewiesen werden.[19] Die Wiener Handschrift Cod. ser. nov. 2644 mit 109 Pergamentblättern entstand vor 1405, da sie zu diesem Zeitpunkt in den Besitz Georgs von Liechtenstein, des Bischofs von Trient († 1419), kam, dessen Wappen in der Handschrift abgebildet ist. Der Codex, das sogenannte Hausbuch der Cerruti, ist nicht das älteste Exemplar dieser Handschriftengruppe. Es darf als sicher angenommen werden, daß der Auftraggeber der Wiener Handschrift, die entweder in der Lombardei oder wahrscheinlicher in Verona am Ende des 14. Jahrhunderts entstand, die Pariser Version (Ms. lat. nouv. acq. 1673) gekannt hat. Der Miniator des Pariser *Tacuinum* sah das Leben prinzipiell aus einer höfischen Perspektive und verlieh auch der einfachsten Arbeit einen Hauch von aristokratischer Eleganz, während der Meister der Wiener Handschrift das Schwergewicht offensichtlich auf die Wiedergabe des alltäglichen Lebens legte. Die Illustrationen der Handschriftengruppe hängen wahrscheinlich mit der Werkstatt des Giovannino de'Grassi († 1398) zusammen, dem ein großer Einfluß auf die Entstehung der »Internationalen Gotik« zuzuschreiben ist, und sie enthalten bereits Anklänge an den Naturalismus des beginnenden 15. Jahrhunderts.

Eigentümlich für diese Handschriften ist der Vorrang des Bildes vor dem Text. Das Bild besitzt diese Vorrangstellung auch durch die Kürzung der Textversion und die fortlaufende Schreibweise des gekürzten Textes. Das Textschema zu den einzelnen Miniaturen ist durchwegs nach dem gleichen inhaltlichen Prinzip gegliedert:

1. Die *Complexion* oder »Natur« bezeichnet nach Hippokrates die Zuordnung jedes Dinges zur Kategorie trocken, feucht, kalt oder warm und zwar in den »Graden« eins bis drei.
2. Die *Electio* bezeichnet die Angabe, welche von den zur Verfügung stehenden Einzelstücken des genannten Objektes zum Gebrauch vorzuziehen sind.
3. *Iuvamentum* ist der besondere Nutzen, den das bezeichnete Ding für die Gesundheit bringt.
4. *Nocumentum* bezeichnet den besonderen gesundheitlichen Schaden.
5. Unter *Remotio nocumenti* ist die Verhütung dieses Schadens durch geeignete Gegenmittel, entweder als Vorbeugung oder zur Behebung der bereits eingetretenen Schädigung zu verstehen.
6. *Quid generat* bezeichnet die Angabe, was durch die genannte Sache im Körper des Menschen erzeugt oder bewirkt wird.
7. Zuletzt erfolgt ein Hinweis auf die besondere Zuträglichkeit der Sache (*convenit*) je nach der Complexion des Menschen, seinem Lebensalter, der Jahreszeit und der geographischen Lage, in welcher der Gebrauch erfolgt.

Die inhaltliche Zielsetzung des *Tacuinum* beruht auf dem medizinischen Credo des griechischen Arztes Hippokrates, nach dem ein ausgewogenes Verhältnis der Körpersäfte als wichtig erachtet wird. Der menschliche Körper ist nach dieser Lehre aus den vier Elementen und aus ihrer jeweiligen Beschaffenheit, dem Kalten, dem Warmen, dem Trockenen und dem Feuchten zusammengesetzt. Dinge mit »kalter und feuchter« Natur sind etwa für Menschen »mit warmer Natur« zuträglich, also z. B. für Choleriker, da ihnen eine abkühlende Wirkung zugeschrieben wird und sie ein bereits anlagemäßig vorhandenes Vorherrschen eines Körpersaftes abschwächen. Auf diese Weise soll ein harmonisches Gleichgewicht hergestellt werden, denn darin liegt die Erhal-

tung der Gesundheit begründet. Diese Kategorien zeigen nachdrücklich, daß der behandelte Gegenstand möglichst umfangreich analysiert und in Beziehung zum Menschen gesetzt wird. Dabei ist zu berücksichtigen, daß der im Orient entstandene Originaltext naturgemäß auch orientalische Lebensgewohnheiten mit den Standorten Antiochien, Aleppo und möglicherweise Bagdad voraussetzt. Die italienische Entstehung der Handschrift bedingt hingegen, daß der Maler bei der Darstellung der orientalischen Flora auf seine Phantasie angewiesen war, hatte aber auch zur Folge, daß viele Eigentümlichkeiten und Gewohnheiten des italienischen Lebens – die Zubereitung der Makkaroni, das Braten der Kastanien oder die von Baum zu Baum gezogenen Rebengirlanden – in die Miniaturen Eingang fanden.

Die den Illustratoren der Wiener Handschrift offenbar gestellte Aufgabe war es, das Leben und die Natur auch in kleinen Details getreu und erkennbar darzustellen. Diese Konzeption der Handschrift brachte es mit sich, daß durchwegs Genreszenen dominieren. Von Bedeutung ist dabei, daß die Illustratoren nicht auf einschlägige Muster und Schemata zurückgreifen konnten, sondern sich auf die unmittelbare Beobachtung der Natur und des täglichen Lebens stützen mußten.

Die Bedeutung der in den *Tacuinum*-Handschriften gegebenen Ratschläge lebte vor allem im Volksglauben mit der Lehre von

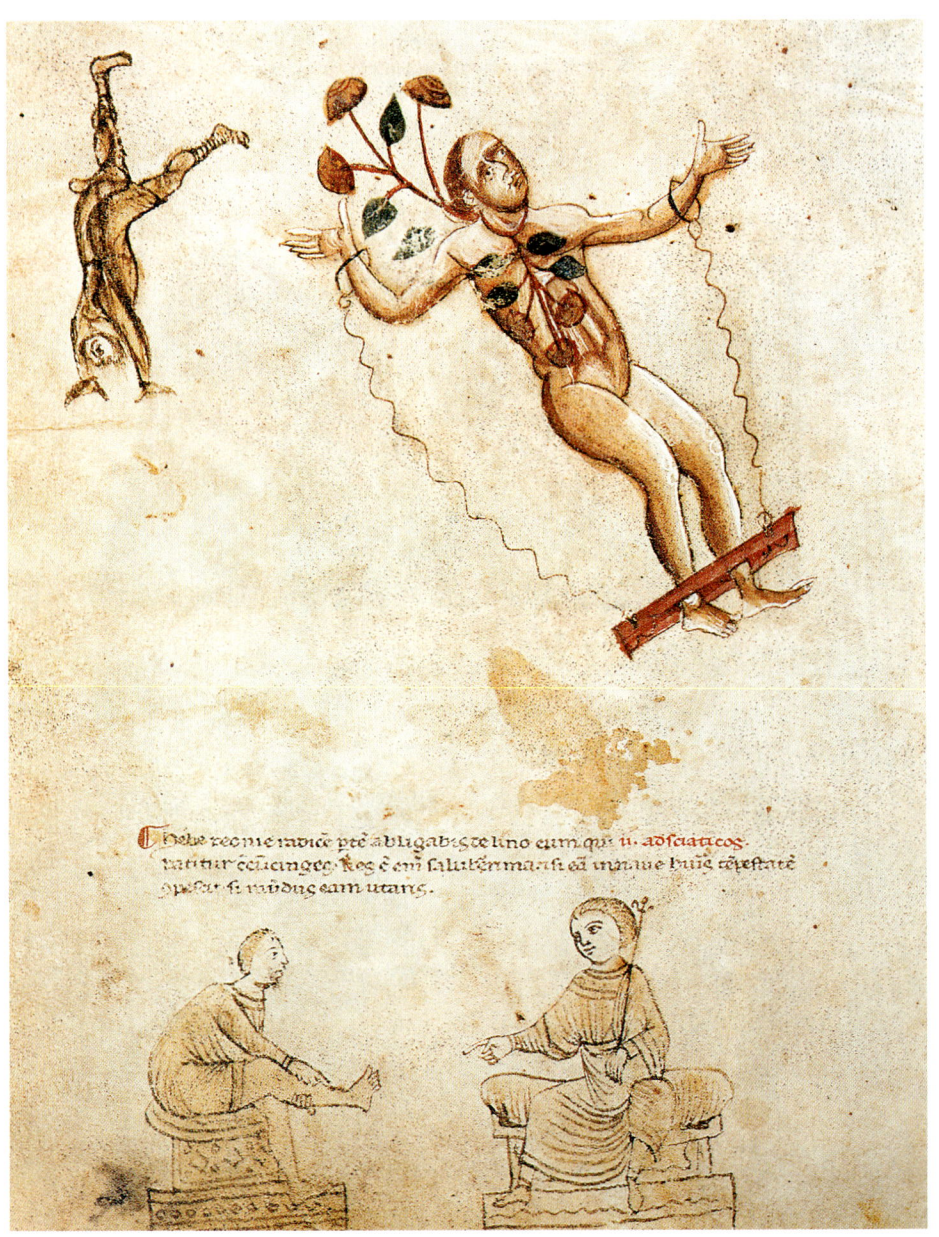

Abb. 15 Wien, Österreichische Nationalbibliothek, Cod. 93, Blatt 72v, Herba Paeonia

den vier Temperamenten fort. Hinter vielen Vorstellungen steht der uralte Glaube an die »Signatur« der Pflanzenwelt, derzufolge die Heilkräuter dem aufmerksamen Beobachter durch ihre Form selbst zeigen, wofür oder wogegen sie angewendet werden sollen, etwa die Zaunrübe (*Bryonie*) gegen Wassersucht, weil sie das Aussehen eines geschwollenen menschlichen Beins hat. Diese sogenannte Signaturenlehre, die noch von Paracelsus hochgeschätzt wurde, setzt einen göttlichen Heilplan voraus: Der Mensch ist dazu ausersehen, die Chiffren der Natur zu enträtseln.

In den weiten Bereich des Volksglaubens sind auch Textstellen im Herbarium des Pseudo-Apuleius einzuordnen, welche einigen Pflanzen medizinische Wunderkräfte zuschreiben. Ein Beispiel hiefür ist das Bockskraut (*Herba Diptamnum*), das vor allem wilde Ziegen oder Hirsche, die von

20

Jägern verwundet wurden, auf wundersame Weise heilt, sobald sie von der Pflanze fressen (Abb. 14).[20] Für die Anwendung der Pflanzen bei Menschen kann dies fallweise recht seltsam anmutende Behandlungsmethoden unter dem weiten Aspekt »Pflanzen als Talisman« zur Folge haben, etwa dann, wenn die Pflanze dem Patienten »umgebunden«, d.h. an ihm befestigt wird. So soll die Pfingstrose (*Herba Paeonia*) auch Mondsüchtige schützen, wenn man ihnen die Pflanze um den Hals bindet (Abb. 15).[21]

Die empirisch arbeitende neuzeitliche Naturwissenschaft konnte mit diesen Methoden der *medicina antiqua* nicht ihr Auslangen finden, und aus diesem Grund war die Naturkunde mit magischer Basis ein wesentlicher Stein des Anstoßes. Das Erkennen und die Darstellung größerer Zusammenhänge über die Behandlung der Krankheiten hinaus weist dem *Tacuinum sanitatis* aber eine kulturgeschichtliche Bedeutung im Geistesleben Europas zu.

Physiologus

Im Tierreich wurden nicht nur die großen Säugetiere, die in den Bestiarien dargestellt wurden, als Quellen medizinischer Heilstoffe gesehen. Auch eine ganze Anzahl kleinerer Tiere, Reptilien und Insekten fand darin Aufnahme. Üblicherweise stellte man diese Tiere sehr nachlässig und skizzenhaft dar, da sie in der untersten Hierarchie der Schöpfung rangierten. Im Gegensatz zu den Herbarien haben die medizinischen Tierbücher bislang kaum Beachtung gefunden, obwohl uns im Verhältnis zu den Pflanzenbüchern zahlreiche Autoren überliefert sind. Illustrierte medizinische Tierbücher sind uns von Nikander (*Theriaka*), Dioskurides (Buch II der *Materia medica*), Sextus Placitus (*De medicina ex animalibus*), einem lateinischen und einem griechischen Anonymus erhalten. Das medizinische Tierbuch des Sextus Placitus Papyriensis (5. Jahrhundert n. Chr.) behandelt Medikamente aus tierischen Substanzen. Im lateinischen Westen des Mittelalters wurde diese Tradition innerhalb der überaus bedeutenden salernitanischen Schrift *Circa instans* (um 1150) fortgesetzt, im islamischen Bereich zum Beispiel im Tierbuch des Arztes Ibn Buktishu. Daneben existieren auch illustrierte Tierbücher anderen literarischen Gehaltes wie Enzyklopädien, Bestiarien, Tierfabeln etc.

Der griechische Physiologus (d.h. »der Naturkundige«) als das aus dem 2. Jahrhundert (?) – wahrscheinlich aus Alexandria – stammende Urmuster aller Bestiarien war von Anfang an bebildert. Anfänglich umfaßte dieses Werk eines anonymen Autors 49 Kapitel, doch änderte sich diese Einteilung im Laufe der Jahrhunderte beträchtlich. In lateinischer Übersetzung war das Werk spätestens ab dem 6. Jahrhundert verbreitet. Seine Bedeutung beruhte auf verschiedenen Fassungen. Der Physiologus erreichte bereits früh eine große Beliebtheit und wurde oft wesentlich verändert, weshalb heute vier griechische Textredaktionen unterschieden werden, die den Ausgangspunkt für die lateinischen Redaktionen markieren.

Von der inhaltlichen Ausrichtung ist der Physiologus eine christianisierte Interpretation antiker Tierkunde, welche die Natur in metaphysischer, moralischer und mystischer Weise deutet. Diese Form der religiösen Erbauungsliteratur sollte dem einfachen Gläubigen elementare Weisheiten der christlichen Lehre durch die Darlegung der Gegenstände der Natur näherbringen. Anders als die Tierfabel, deren Handlung fiktiv ist (z.B. sprechende Tiere), treten die Geschichten des Physiologus als Berichte realer Naturgegebenheiten auf. Doch sind sie zum Teil bereits von Augustinus als unwahr im naturwissenschaftlichen Sinn erkannt worden. Die allegorische

Naturinterpretation steht zum biologischen Befund häufig in sehr lockerem Zusammenhang. Was etwa vom Hirsch gemeint ist, wird auf den Elefanten (S. 82) übertragen, weil sich beide Namen im Griechischen ähneln (*elephas – elaphos*). Die Tiere des Physiologus, der mit der Erzählform des Präsens die Gegenwärtigkeit betont, sind somit weniger naturkundliche Realität als Symbole, die zum Christlich-Mythischen hin offen bleiben. Die Schwerpunkte in der Benutzung des Physiologus, der wie kaum eine andere allegorische Schrift bis zur Renaissance enorme Wertschätzung erfuhr, liegen im Schulbetrieb sowie in der geistlichen Unterweisung und Erbauung.

Der älteste erhaltene illustrierte lateinische Physiologus ist der sogenannte Berner Physiologus[22], der auf eine spätantike Vorlage zurückgehen dürfte. In Hautvillers, dem Zentrum der Reimser Malschule unter Erzbischof Ebo (reg. 816–835, 840–845), wurde dieser Codex um 835 n. Chr. von einem gewissen Haecpertus (Egbert) in karolingischer Minuskel geschrieben und vielleicht auch gemalt. Darauf weist ein entsprechender Eintrag auf Blatt 130r (*HAECPERTUS ME FECIT*) hin. Der Codex enthielt ursprünglich 136 Blätter, im heutigen Zustand sind 131 Blätter überliefert. Zentraler Inhalt der Handschrift ist der lateinische Physiologus. Er enthält 35 Kapitel und es gibt mindestens eine Illustration pro Tier, oft aber auch mehrere. Die Handschrift veranschaulicht mit ihren in pastoser Farbigkeit ausgeführten, zum Teil bildhaft gerahmten und verschiedenformatig in den Textspiegel vor den jeweiligen Kapiteln eingefügten 35 Miniaturen die künstlerischen Bestrebungen der karolingischen *Renovatio*.

Bestiarien

Das Bestiarium ist eine Zusammenstellung von Tiergeschichten, die zumeist mit geistlicher bzw. moralisch-didaktischer Auslegung versehen sind und so für eine theologische Aussage nutzbar gemacht werden können. Der Übergang vom Physiologus zum Bestiarium erfolgte dort, wo das Traditionsgut der lateinischen Versionen des Physiologus in Umfang und Auslegung substantielle Veränderungen erfuhr.

Der Terminus *Bestiarium* in der Bedeutung »Tierbuch« dürfte sich zu Beginn des 12. Jahrhunderts eingebürgert haben. Illustrierte Bestiarien existieren in relativ großer Zahl. Der Großteil dieser Handschriften stammt aus England und Frankreich, trotzdem sind aber auch viele italienische, katalanische und kastilische Codices überliefert. Den Gipfelpunkt erreichte die Produktion von Bestiarien im 13. Jahrhundert in England. Im 12. Jahrhundert setzte eine weite, bis in das 15. Jahrhundert anhaltende Verbreitung der illustrierten Bestiarien ein.

Das älteste französische Bestiarium, das eng mit dem lateinischen Physiologus verbunden ist, ist ein Tierbuch, das vom anglo-normannischen Dichter Philippe de Thaon zwischen 1121 und 1135 verfaßt wurde und 38 Kapitel enthält. Das Bestiarium des Gervaise vom Anfang des 13. Jahrhunderts besitzt 29 Kapitel und umfaßt 1280 Verse. Das längste altfranzösische Reimbestiarium mit 35 oder 37 Kapiteln wurde vom Normannen Guillaume Le Clerc um 1210/11 verfaßt. Als das interessanteste französische Tierbuch darf jenes angesehen werden, das um 1218 von Pierre de Beauvais angefertigt wurde. Der *Bestiaire d'amour*, geschrieben von Richard von Fournival in der zweiten Hälfte des 13. Jahrhunderts, repräsentiert eine völlig neue, aber folgenlos gebliebene Interpretation der traditionellen Tierkunde, indem die Tiere im Stil der höfischen Liebesdichtung beschrieben werden. Das im Physiologus vorgebildete Grundmuster des Kapitelaufbaus mit Tierbericht und Auslegung bleibt weitgehend auch für die Konzeption der Bestiarien bestimmend. Nicht alle Tiere, die in den Bestiarien beschrieben und dargestellt wurden, haben tatsächlich existiert, obwohl es an Versuchen nicht gefehlt hat, diese Fabelwesen mit lebenden Tieren zu identifizieren.

Es gibt wie bei den Herbarien auch bei den Bestiarien keinen standardisierten kanonischen Text, sondern zahlreiche Textvarianten, die aus unterschiedlichen frühchristlichen und mittelalterlichen Traktaten exzerpiert worden sind. Die wichtigsten Quellen, vor allem der englischen Bestiarien, sind der frühchristliche Physiologus, Augustinus' *Enarrationes in Psalmos*, die Schrift *Moralia in Job* von Gregor dem Großen, Isidor von Sevillas *Etymologiae*, der *Hexaemeron* des lateinischen Kirchenvaters Ambrosius, das vierbändige Traktat *De bestiis et aliis rebus* aus dem 12. Jahrhundert, Hugo von Folietos *De avibus* (nach 1152), die *Collectanea rerum memorabilium* des Solinus (frühes 3. Jahrhundert) und, weniger häufig, der dem 12. Jahrhundert zuzuordnende *Pantheologus* des Petrus von Cornwall.

Fast die Hälfte der Miniaturen in den Handschriften der Bestiarien zeigen die Tiere isoliert, mit Rahmung versehen und mit keinem narrativen Geschehen verbunden. Ebenso aber treten erzählerische Tierbilder – zuweilen mit mehreren Miniaturen – auf, die jeweils mit einem landschaftlichen oder architektonischen Schauplatz kombiniert sind. Die allegorischen Miniaturen dürfen als die interessantesten in den Bestiarien bezeichnet werden. Häufig liefern sie Interpretationen zu den beschriebenen Tieren, die über den begleitenden Text hinausgehen und sind mit der Darstellung von biblischen Ereignissen verbunden.

1   Wien, Österreichische Nationalbibliothek, Ms. phil. gr. 2, Blatt 1r. In mittelalterlichen Handschriften wird die Vorder- und Rückseite eines Blattes mit »recto« bzw. »verso« bezeichnet.
2   London, British Library, Ms. Harley 4425, Blatt 140r.
3   Wien, Österreichische Nationalbibliothek, Cod. med. gr. 1, Blatt 235v.
4   Wien, Österreichische Nationalbibliothek, Cod. 93, Blatt 61v.
5   Oxford, Bodleian Library, Ms. Ashmole 1462, Blatt 18r.
6   Blatt 29v (*Arnoglosson*).
7   Blatt 194v (*Kestron*).
8   Oxford, Bodleian Library, Ms. Ashmole 1462, Blatt 10r.
9   London, British Library, Ms. Egerton 747.
10 Blatt 88v.
11 Blatt 74v (Pinie und Pflaume).
12 London, British Library, Ms. Egerton 2020.
13 Blatt 161v.
14 Blatt 28r (Wein).
15 Blatt 33r (Ackerwinde).
16 Venedig, Biblioteca Nazionale Marciana, Cod. Lat. VI 59.
17 München, Bayerische Staatsbibliothek, Cod. icon. (bot.) 26, Blatt 59r.
18 Wien, Österreichische Nationalbibliothek, Cod. ser. nov. 2644.
19 Wien, Österreichische Nationalbibliothek, Cod. ser. nov. 2644 und Cod. 2396; Paris, Bibliothèque nationale, Ms. lat. Nouv. Acq. 1673 und Ms. lat. 9333; Rom, Biblioteca Casanatense, Ms. 4182; Rouen, Bibliothèque municipale, Ms. Leber 1088 und Lüttich, Bibliothèque de l'Université, Ms. 1041.
20 Wien, Österreichische Nationalbibliothek, Cod. 93, Blatt 70r.
21 Wien, Österreichische Nationalbibliothek, Cod. 93, Blatt 72v.
22 Bern, Burgerbibliothek, Codex Bongarsianus 318.

DER ARZT UND SEINE SCHÜLER (Ellbochasim aus Baldach)

Die erste Miniatur des Wiener Codex zeigt einen gelehrten Arzt, der zu seinen Schülern spricht. Es handelt sich dabei um ein in der Tradition des spätantik-mittelalterlichen »Autorenbildes« stehendes Idealbild des Ibn Botlan (S. 17 f.), der unter einem Baldachin und hinter einem Schreibpult sitzt und zu zwei von rechts nahenden Schülern spricht.

Der Text zur Miniatur behandelt die menschliche Gesundheit und die Fragen, welchen Nutzen und Schaden Speisen, Getränke und Kleider haben können. Es folgt eine Aufzählung der Faktoren (S. 18), welche die Bedeutung der Objekte im menschlichen Umfeld bestimmen. Aus dem zur Miniatur gehörenden Text wird auch in programmatischer Weise deutlich, daß es sich beim *Tacuinum sanitatis* nicht um ein dezidiert wissenschaftliches Werk handelt, sondern um ein der diätetischen Praxis gewidmetes Kompendium, das medizinisch interessierten Laien traditionelle Lebensregeln nahebringt:

»Wir werden auch ansagen, was jeder nach seiner Complexion (natürlichen Beschaffenheit) und seinem Lebensalter auswählen soll. Und das alles wollen wir auf übersichtliche Tafeln verteilen, da das viele Gerede der Weisen und die Vielfalt vieler einander entgegengesetzter Buchweisheiten oft genug die Zuhörer nur verwirren. Denn diese Menschen wollen von den Wissenschaften nichts anderes als wirksame Hilfe, nicht aber Beweise oder Definitionen. Daher ist es unsere Absicht in diesem Buche, umständliches Gerede abzukürzen und verschiedene Redeweisen übereinzustimmen. Es ist aber auch unser Vorsatz, von den Ratschlägen unserer Vorgänger, die die Wahrheit gesagt haben, nicht abzuweichen. Von uns aus haben wir in diesem Buche nichts anderes festgelegt als die geordneten Übersichten, kurze Beantwortungen für die Fragesteller und Anführungen von Beweisen, um den Wert des Gesagten zu befestigen.

Wir wollen auch nicht die Absichten der Menschen befolgen, wie sie je nach der Auffassung ihrer Meinungen verschieden sind. Daher rufen wir Gott an, daß er unseren Verstand richtig führe, da die menschliche Natur allein kaum vor Irrtum bewahrt werden kann, und unsere ganze Darlegung soll unseren bescheidenen guten Willen zeigen, wozu Gott der Herr uns bestärken und nach seinem Wohlgefallen behilflich sein möge«.

PROLOG
Der Arzt verkündet nützliche Lebensregeln.

Wien, Österreichische Nationalbibliothek, Cod. ser. nov. 2644, Blatt 4r

Tacuini sanitatis i medicina. ad narrandū sex res nēcias. unarianōt uniumtit cibozū 7 potuum.
7 idumtoruħ noeunta ipoiuħ. Et i remotioe noeumtorum uir 2scilla meliorū er antiquis.

Tacuinū sanitatis de sex rebʒ. ꝗ sunt nēce cuilibʒ homi ad cotidiana 7 suantes: saitatis sue cū
suīs recti fiet opationibʒ. CPrima ē sparatio aerisꝗ cor contingit. CSēda rectificatio
cibi 7 pot. CTertia rectificatio mot 7 quietis. CQuarta phrbitio corpozis a sopno 7 uigilijs mī
tio. CQuīta rectificatio laxationis 7 strictōis humoz. CSexta regulatio psē imoderatōe
gaudij. uit timoris 7 anguistiesbʒ enim mois equalitas erit 2suatio sanitatis. Et remotio
istozū sex. ab hac qualitate. facit egritudine deo pmittete. glosoꝝ altissimo 7 sib quolibʒ gñe
sunt plures spēs 7 plimum necessarie i quauī dicim̄ nās sī deo placuit. CDicem̄ etiā electiōes
ouicientes cuilibʒ fm 2plēcē 7 etiā ipius. 7 hec omnia ponem̄ i tabuleʒ eoꝝ multiloquia sa
pientum ꝗa fastidiunt auditores. 7 diuisitaʒ multoꝝ librozū oppoitoruʒ homines ho

Saure Granatäpfel, *Granata acetosa*

Wie auch in anderen Miniaturen der Wiener Handschrift steht der Baum mit der im Text beschriebenen Frucht im Zentrum, kombiniert im vorliegenden Fall mit einer reich gekleideten Dame mit hellrotem Mantel, welche die Granatäpfel mit beiden Händen in einen bereits gefüllten, geflochtenen Korb gibt. In der Mitte des Vordergrundes frißt ein Hase von einem Granatapfel, während sich in der linken Bildhälfte zwei Hasen mit schwarz-weißem Fell befinden. Im Geäst des Baumes sitzen zwei Vögel, von denen einer von dem Apfel nascht. Die Symbolik des Hasen, die auf Fruchtbarkeit weist, steht in offensichtlichem Zusammenhang mit dem Granatapfel, der wegen der großen Menge seiner Samenkerne bei den Römern *malum granatum*, d.h. »kernreicher Apfel«, hieß.

Diese Beschaffenheit lieferte den Grund für die Deutung des Apfels als Fruchtbarkeitssymbol. Botanisch hat der Granatapfel jedoch nichts mit dem Apfel gemeinsam, sondern ist mit den Myrtengewächsen verwandt und zählte neben Feige, Ölbaum und Weinstock zu den wichtigsten Kulturpflanzen Israels. Eine weitere Art des Granatapfels, der süße Granatapfel (*Granata dulcia*), ist im Wiener Codex auf Blatt 7r dargestellt und in der bildlichen Umsetzung praktisch kaum vom sauren Granatapfel unterschieden.

Die antiken Assoziationen des Granatapfels mit Schönheit, Blut, Fruchtbarkeit und Unsterblichkeit werden in der christlichen Symbolik auf den Tod und die Auferstehung Jesu Christi sowie auf das fruchtbare Wirken und die Vielzahl der Tugenden Marias im Erlösungswerk gedeutet.

Als Zeichen der Heilsgeschichte hält das Jesuskind in italienischen Marienbildern des 15. und frühen 16. Jahrhunderts einen aufgeplatzten Granatapfel, wobei das rote Innere (Hinweis auf das Blut Christi!) und die vielen Kerne sichtbar werden. Eine weitere Deutungsvariante bezieht den Granatapfel auf die Kirche: Die vielen Samen in dem einen Gehäuse symbolisieren die große Zahl der Heiligen und weisen mit der roten Farbe auf das Blutzeugnis der Märtyrer hin.

Der Text in der Handschrift führt aus, daß die sauren Granatäpfel mit kalter Complexion, in sehr saftigem Zustand genossen, sehr gut für die Leber sind. Schädlich können die Früchte sein, indem sie die Brust schädigen. Diese Gefahr läßt sich durch den Verzehr von Speisen, die mit Honig gesüßt sind, abwenden.

Die sauren Granatäpfel erzeugen mäßige Nährstoffe und sind besonders zuträglich für warme Naturen, Jugendliche, zur Sommerzeit und in warmen Gegenden. Bereits sehr früh findet sich die Vorstellung, daß der Genuß von drei noch sehr kleinen Blüten des Granatapfelbaumes ein Jahr lang gegen Augenleiden schützt.

Symbolik
*Sinnbild der Fruchtbarkeit und der Ehe,
Tugenden Marias.*

Mittelalterliche Heilkunde
Hilft der Leber, schützt vor Augenleiden.

Medizinische Wirkung
Verwendung der Rinde als Wurmmittel.

Wien, Österreichische Nationalbibliothek, Cod. ser. nov. 2644, Blatt 7v

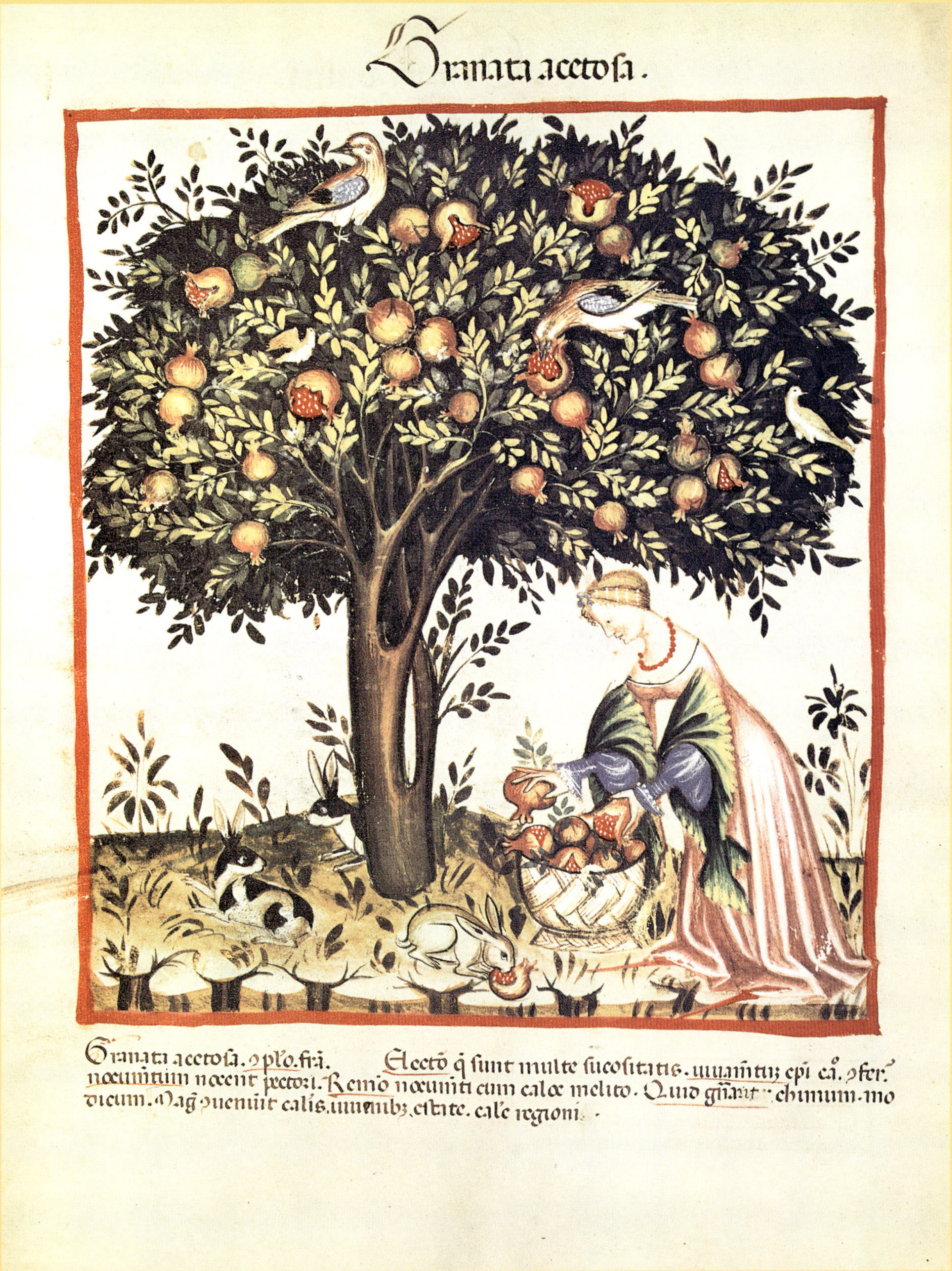
Granati acetosa.
Granata acetosa. ꝯplo. fri. Electo q̄ sunt multe sucositatis. iuuamentu; epi ca. ꝯfer.
nocumentum nocent pectori. Remo nocumenti cum calce melito. Quid gñant chimum mo
dicum. Mag ꝯueniūt calis. iuuenibz. estate. cal'e regioni.

QUITTEN, *Citonia*

Die Miniatur, welche die Quitten beschreibt, ist charakteristisch für die meisten botanischen Illustrationen der Wiener Handschrift. Es geht wie bei vielen anderen Darstellungen nicht um die Frucht allein, sondern der einzigartige Reiz der Szenen entfaltet sich erst aus der Kombination der Flora mit einer adeligen Gesellschaft. Ein höfisch gekleideter junger Mann in eigenartiger Zoddeltracht in der linken Bildhälfte und zwei vornehme Damen auf der rechten Seite, alle in lange, faltenreiche und weite Gewänder gekleidet, pflücken die Quitten und erfreuen sich an ihrem Duft.

Die in Europa kultivierte Pflanze trat ursprünglich in Westasien, Arabien, den östlichen Mittelmeerländern und Kreta (Kydon, daher der Name) auf. Der Quittenbaum ist ein kleiner Obstbaum, der gelbe, große, birnenförmige, eckige und gerippte Früchte mit sehr hartem Fruchtfleisch trägt, die im Spätherbst reifen. Die Quitten sind reich an Pektin. Der Pflanzenschleim der Kerne wirkt erweichend und reizmildernd. Die gekochte Frucht liefert ausgezeichnete Gelees und Konfitüren. Der Sirup besitzt heilende Wirkung bei Heiserkeit und Halserkrankungen. Er wirkt antidiarrhöisch und in größeren Mengen abführrend. Heute werden die Samen nur mehr in der Kosmetik verwendet. Auf dem Land bereitet man aus den Quitten Konfitüren, Gelees und Sirupe; die schleimhaltigen Samen finden gegen Hautbrandwunden und Augenentzündungen Verwendung.

Der Text unterhalb der Miniatur erklärt die Beschaffenheit und die Wirkung der Quitten, deren Complexion kalt und trocken im zweiten Grad ist. Ihre positive Wirkung wird damit beschrieben, daß sie das Herz erfreuen und den Appetit fördern. Sie können aber auch Koliken verursachen. Zur Verhütung dieses Schadens werden süße Datteln empfohlen. Der Text führt weiter aus, daß Quitten abkühlend und harmonisierend wirken und deshalb besonders Cholerikern zuträglich seien. Schwangere bringen angeblich nach häufigem Genuß von Quitten fleißige Kinder von wachem Verstand zur Welt.

MITTELALTERLICHE HEILKUNDE
Erfreut das Herz und fördert den Appetit, gut bei Schwangerschaft.

MEDIZINISCHE WIRKUNG
Reich an Pektin, wirkt reizmildernd bei Brandwunden, Hals- und Augenentzündungen.

Wien, Österreichische Nationalbibliothek, Cod. ser. nov. 2644, Blatt 8r

Citonia.

Citonia. ꝓplo fri. τ ſic. mɿ. Electo ꝓplꝛa groſſa. uniani. letificat τ ꝯforꞇat apetitu. nocuℏ
cauſat colica⁊. Remo neꞇi cu̅ dactil melitis. Quid gña̅t humoꝛe⁊ fri. uenuit mag colica⁊
.omni etati. omni tp̅⁊. omni regioni.

KÜRBISSE, *Cucurbite*

Auf einer der interessantesten Miniaturen der Wiener Handschrift sieht man den übergroßen Flaschenkürbis (*Cucurbita lagenaria L.*) in vielen prächtigen Exemplaren aus dem Blattdickicht herabhängen. Im Vordergrund sind eine Frau und ein Mann mit der Ernte beschäftigt und legen die Früchte in einen Korb.

Bereits Walahfrid Strabo (808/809–849), Abt von Reichenau, widmete dem Kürbis in seinem *Hortulus* umfangreiche Ausführungen: »Nicht anders der Kürbis: Aus gemeinem Kern sich emporhebend, verursacht er gewaltigen Schatten mit den Schilden der Blätter und wirft Ranken in den dichtgedrängten Zweigen ...«.

Der Kürbis kam mit spanischen Seefahrern im 16. Jahrhundert nach Mitteleuropa. Damit die Früchte möglichst groß werden, muß der Samen beim Läuten der großen Kirchenglocken gesteckt werden, dann werden die Kürbisse angeblich so groß wie die Glokken. In alten Kräuterbüchern werden zahlreiche Verwendungen beschrieben, unter anderem gegen Lebersucht, Nierenentzündung, Blasenleiden und andere innere Krankheiten. In der Volksmedizin waren die Kürbiskerne ein beliebtes Mittel gegen Band- und Spulwürmer. Kürbiskompott galt als ein gutes Mittel gegen Schwangerschaftserbrechen. Heute verwendet man die Kürbiskerne bei einer Reizblase sowie bei Blasen- und Prostataleiden. Auch bei einer beginnenden Prostatavergrößerung mit leichten Harnabflußstörungen sind die Kerne wirksam.

Der Text zur Miniatur besagt, daß der Kürbis von Natur aus kalt und feucht im zweiten Grad sei und am zuträglichsten, wenn er in frischem und grünem Zustand verzehrt wird. Dabei stillt er den Durst. Dem Schaden dieser Frucht, daß sie nämlich schnell laxiert, kann mit Salzwasser und Senf begegnet werden. Zudem werden die Kürbisse als zuträglich für Choleriker, Jugendliche, im Sommer und in allen Gegenden, besonders in südlichen beschrieben. Für das Züchten besonders großer Kürbisse soll man der Mitte der Frucht einen Samen entnehmen und diesen mit der Spitze nach unten in die Erde stecken. Der Kürbis soll nicht mit Frauen in Berührung kommen, die ihre Menstruation haben, weil dies sein Wachstum verhindert.

MITTELALTERLICHE HEILKUNDE
Hilft bei Lebersucht, Nierenentzündung, Blasenleiden und inneren Krankheiten.

MEDIZINISCHE WIRKUNG
Lindert Blasen- und Prostataleiden.

Wien, Österreichische Nationalbibliothek, Cod. ser. nov. 2644, Blatt 22v

Cucurbite.

Cucurbite. ꝯplo. frī ꝛ hū. ĉ. ī ꝫ. Electio recetes uuncts. uuamṁtuu mitigant. sitim. No
cuuitiuu. etto lubꝛicant. Remō noꝛuuiti. cū muꝛi ꝛ sinapi. Quid gñat? nutrimentū
medicū ꝛ friū. ꝯuenuit coliciꝫ iuuenibꝫ. estate. omibꝫ regioibꝫ ꝛ ꝑꝑue mıdioniꝫ.

BASILIKUM, *Ocimum citratum*

Die Miniatur zeigt, wie ein Mann eine Basilikumpflanze in ein großes, rot und blau gemustertes Tongefäß mit zwei Henkeln einsetzt. Die in allen tropischen und subtropischen Gegenden vorkommende, 20–50 cm hohe, buschige Pflanze enthält vorwiegend ätherische Öle und Gerbstoffe. Sie wird auch in gemäßigten Ländern des Mittelmeerraumes seit Jahrtausenden kultiviert, erreichte Westeuropa aber erst im 16. Jahrhundert. Besonders gut gedeiht sie an warmen, sonnigen Plätzen. Die frischen Blätter sind von leicht süßlich-pfeffrigem Aroma. Auch in getrocknetem Zustand ist Basilikum ein beliebtes Küchengewürz.

Das Basilikum gehört zu den Gartenkräutern, die nicht wild vorkommen. Es ist ein Lippenblütler, der schon zur Zeit der Antike bekannt war. Bereits in frühen Sanskritwerken wird es unter dem Namen *Arjaka* erwähnt. In Indien ist es den Hindugöttern Krishna und Vishnu geweiht. Basilikumkränze fand man auch in ägyptischen Gräbern. *Basilikon* heißt königlich, während *Basileus* die griechische Bezeichnung für einen Herrscher ist. Bei den Römern war das Basilikum eine geschätzte Heil- und Gewürzpflanze. Im Mittelalter benutzte man es, um Dämonen und »Drachen« zu vertreiben und die Pflanze diente zur Behandlung von Depressionen und nervösen Herz- und Magenbeschwerden. Der Basilikumsaft wurde unter anderem bei Ohrenentzündungen verwendet. Verbreitet war auch die Anwendung nach Schlangenbissen und Skorpionstichen. Basilikum wurde im Mittelalter eigenartigerweise recht häufig in Beziehung zu Skorpionen gebracht, die sich angeblich häufig in der Nähe dieser Pflanzen aufhalten. Mit Wein und Essig getrunken, wird ihm eine hilfreiche Wirkung gegen Skorpionbisse zugeschrieben. Auch galt das Basilikum als magenerwärmendes, verdauungsförderndes, herzstärkendes, uterusreinigendes und geburtsförderndes Mittel. Der Basilikumsaft reinigt den Darm und erzeugt scharfe, blähende Körpersäfte. Zudem soll er eine nervenstärkende und aufhellende Wirkung besitzen.

In Südeuropa zieht man Basilikum überall in Töpfen vor dem Haus, um Fliegen abzuwehren. Heute findet Basilikum als Heilpflanze kaum noch Verwendung. In einer Teemischung gegen Blähungen oder bei einer Magenverstimmung mit nervöser Unruhe ist er noch angebracht. Großer Beliebtheit erfreut es sich aber als Gewürz. Kräuterbutter und Gemüsegerichte erhalten durch Basilikum eine süßlich-feurige Würze. Auch weitere Arten des Basilikums werden angebaut. Das kleine Basilikum (*Ocimum minimum*) ist eine Zwergart, die nur 15 cm hoch wächst. Der Wirbeldost (*Calamintha clinopodium*) ist eine verwandte Art, die in Nordeuropa wächst. Duft und Geschmack erinnern an Thymian.

SYMBOLIK
In Indien den Hindugöttern Krishna und Vishnu geweiht.

MITTELALTERLICHE HEILKUNDE
Vertreibt Drachen und Dämonen, hilft bei Bissen von Skorpionen und Schlangen, reinigt den Darm.

MEDIZINISCHE WIRKUNG
Reich an ätherischen Ölen, unterstützt die Verdauung, Verwendung als Gewürz.

Wien, Österreichische Nationalbibliothek, Cod. ser. nov. 2644, Blatt 31r

Oçimum citratum.

Ozimum citrinu. ǫplo. cal'a in ɛ̃. fic. in p̃. Electio bn̄ odorifer. mumitu, ei ȿba ſtrigit
ſūe laxat uentrem. Nocumitum. obtenebzat uiſuȝ. Remotio. nocumiti. cū poztulaci. Qd
gña̅ t humoꝛeȝ; acutum ꞇ inflatuum. Huenit fris. ſeibȝ. breme ꞇ ſeptentr̃onalibȝ.

MINZE, *Menta*

Die Miniatur zeigt, wie eine ältere und eine junge Frau in einem Garten Pfefferminzblätter (*Menta piperita L.*, Pfefferminze) in einem Korb sammeln.

Der griechischen Mythologie zufolge wurde die Nymphe Minthe von Persephone in Minze verwandelt. Verschiedene Arten der Minze waren bereits im Altertum bekannt und wurden als Heilmittel von den Ägyptern, Israeliten und Römern gebraucht. Ägypter und Griechen verwendeten diese auch als Bierzusatz sowie zur Schönheitspflege. Einige Minzearten wurden im *Capitulare de villis* (795) Karls des Großen und im berühmten Klosterplan von St. Gallen (um 820) zum Anbau empfohlen.

An Stelle von Riechsalz wird der Minze belebende Wirkung nach Ohnmachtsanfällen zugeschrieben. In Granatapfelwein getrunken, nimmt sie den Schluckauf und beseitigt Brechreiz. Das im Destillierkolben aus der ganzen Pflanze gewonnene Wasser wird als ein zuverlässiges Mittel gegen Nasenbluten beschrieben. Milch soll angeblich nicht gerinnen, wenn man Blätter der Minze hineingibt. Pfefferminztee dient zur Behandlung von Erkrankungen der Atemwege und der Verdauungsorgane. Äußerlich wird Pfefferminzöl oder Menthol in schmerzlindernden Salben, Massageöl und Einreibemitteln verwendet.

Im Text zur Miniatur wird die Minze als warm und trocken im dritten Grad beschrieben. Kleine Pflanzen mit dichten Blättern sollen vorgezogen werden. Der Nutzen besteht in einer Zuträglichkeit für einen kalten und feuchten Magen, schädlich sind die Minzen hingegen für einen warmen Magen. Dem kann mit wenig Essig und Öl abgeholfen werden. Grundsätzlich ist die Minze für Menschen mit kalter und feuchter Complexion, für Greise, im Winter und in kalten Gegenden zuträglich.

Von der Minze sind mehrere Arten wie die bis 40 cm hohe Ackerminze, die Wasserminze und die Roßminze bekannt.

Die bevorzugt an feuchten Ufern und Gräben wachsende »Grüne Minze« mit lanzettförmigen Blättern und starkem Pfefferminzgeschmack wird als Küchengewürz kultiviert. Die Pfefferminze besitzt einen kahlen, glänzenden, oft rot überlaufenen Stengel, gestielte Blätter und lilafarbene Blüten. Blätter und Stengel enthalten viel ätherisches Öl. Menthol, der Hauptbestandteil des ätherischen Öls, wirkt gegen Bakterien und Parasiten, kühlt und betäubt, wenn es auf die Haut gebracht wird, und erhöht die Blutzufuhr an der damit behandelten Stelle. Gelöst in Alkohol, erweist sich Menthol als nützlich gegen Fadenpilzerkrankungen. Daneben hat die Pfefferminze eine krampflösende Wirkung auf glatte Muskeln und wird als gutes Mittel gegen Koliken und Blähungen verwendet. Zudem regt Pfefferminze Leber und Galle an und fördert den Gallenfluß. Das im Öl enthaltene Azulen wirkt entzündungshemmend.

Seit etwa 1780 wird die Pfefferminze, von England kommend, in Deutschland kultiviert. Verwendet wird sie vor allem als Tee, aber auch zur Aromatisierung von Bonbons, Likören, Salaten und Fleischgerichten.

SYMBOLIK
Persephone verwandelt die Nymphe Minthe in die Minze.

MITTELALTERLICHE HEILKUNDE
Belebende Wirkung bei Ohnmacht, nimmt den Schluckauf und beseitigt Brechreiz.

MEDIZINISCHE WIRKUNG
Reich an ätherischen Ölen, Behandlung der Atemwege und Verdauungsorgane, hauptsächlich als Tee verwendet.

Wien, Österreichische Nationalbibliothek, Cod. ser. nov. 2644, Blatt 34r

Menta complexio calida & sicca in i. gradu. Acetum puram mentam spissorum foliorum ubicunque; subueit scō frio & huō nocumentum. nocet scō calō. Remio nocumenti cū modico aceto & oleo. Quid giuāt sanguinē calidum; Muenuit. frigidis & huiditatis senibz. hyeme & in frigidis regionibz.

RAUTE, *Ruta*

Die Raute wird bereits im berühmten Klosterplan von St. Gallen (um 820) und im *Hortulus* des Walahfrid Strabo (808/809 bis 849) erwähnt. In der Miniatur erscheint sie als zierlich verästelte Pflanze in drei Sträuchern, vor denen ein sitzendes und ein stehendes Mädchen Kränze aus der Raute winden. Deren Heilwirkung beschreibt Walahfrid Strabo, indem er schildert, wie die Wurzelfasern schädliche Gifte vertreiben.

Die Raute galt im Mittelalter als Wunderkraut und stammt aus dem östlichen Mittelmeergebiet. Nach Dioskurides half sie bei Schlangenbissen, bei Katzen, die Hühner fressen, bei Mundgeruch und vielen anderen unterschiedlichen Dingen. Später schrieb man ihr Wirksamkeit gegen die Pest, gegen »böse Luft« (*Miasma*) und Nachtmahren zu. Die Raute verwandelt sich in Gold, wenn man sie in den Sarg eines Toten legt. Daß die Raute in höheren Dosen ein Abtreibungsmittel ist, wurde von vielen Autoren beschrieben. Typische Hexennamen des Krauts waren »Rautenstrauch« oder auch »Moly«, jenes Kraut, welches Odysseus gegen den Zauber der Circe erhielt (Abb. 3).

Der berühmte Dominikanergelehrte Albertus Magnus (um 1193–1280) listete die Vorzüge der Raute präzise auf: »Sie selbst schärft auch das Gesicht und insbesondere ihr Saft mit dem Saft des Fenchels und Honig, nachdem eine Augensalbe aus ihr gemacht oder sie verzehrt wurde. Sie fördert auch die Verdauung und macht Appetit auf Speise und stärkt den Magen und ist der Milz zuträglich. Sie trocknet das Sperma aus und beseitigt es und vertreibt das Verlangen nach Begattung. Das Verzehren von ihr hilft gegen die Heftigkeit des Fiebers, ebenso das Einsalben mit ihrem Öl. Sie leistet den Giften Widerstand«. Als Mittel der Keuschheit wurde die Raute noch im 16. und 17. Jahrhundert empfohlen.

Diese Charakteristika fließen auch in das Wiener *Tacuinum* ein, dessen Text rät, die Raute, die als heilsam für Vergiftete und Epileptiker beschrieben wird, in grünem und frischem Zustand zu konsumieren. Sie erzeugt scharfe Säfte und ist für Menschen mit kalter und feuchter Complexion, für Greise und Geschwächte, im Winter, Herbst und Frühlingsbeginn sowie in kalten und feuchten Gegenden zuträglich. Die Raute soll angeblich am besten im Schatten eines Feigenbaumes gedeihen. Seit Aristoteles ist der Glaube nachweisbar, daß sie Geister vertreibt. Der berühmte Arzt Galenos hingegen bezeugte, daß sie »das Feuer der Venus zum Erlöschen bringt«.

Tatsächlich enthält die Pflanze ein ätherisches Öl, das aus ungefähr zehn Substanzen besteht. In der Homöopathie verwendet man den Extrakt der frischen Pflanze, um die Augen zu stärken, ferner bei Rheumatismus, Neuralgien und Menorrhagien.

SYMBOLIK
Schützte Odysseus gegen den Zauber der Circe.

MITTELALTERLICHE HEILKUNDE
Wunderkraut gegen Pest und »böse Luft«.
Trocknet das Sperma aus und vertreibt das Verlangen.

MEDIZINISCHE WIRKUNG
Ätherisches Öl mit vielfältigen Substanzen.
Homöopathische Anwendung bei Rheumatismus, Neuralgien und Menorrhagien.

Wien, Österreichische Nationalbibliothek, Cod. ser. nov. 2644, Blatt 35r

Ruta. complo. cal̃a·7. sicca. m̃3·. Electio uiridis recens. uiuamentum. 9 fe:t toꝛicatis 7 epilen cis
noeumentum. eat sodam. Remotio noeumiti. cũ aceto. oleo 7 sale. Quid geñat humoꝛe: acu
tum. Conuen- t. frigis 7 huis. seibz 7 decrepitis. hỹe autumpno. 7 pñcipio ueris. fris 7 huis
regionibus.

ROSEN, *Roxe*

Die antike Heilkunde kennt sechs Teile der Rose, die der Gesundheit zuträglich sind: die Spitze und der Rest des Blattes, von der Blüte der Pollen und die Staubgefäße, das Stielende und das Übrige bis zum Blattstengel.

In der christlichen Blumensymbolik nimmt die Rose neben der Lilie (S. 40) einen eminent wichtigen Platz ein. Zu besonderer Bedeutung gelangte sie in Zusammenhang mit der spätmittelalterlichen Rosenkranzverehrung. In kosmischem Sinn bedeutet die blühende Rose, Zeichen von Marias Mutterschaft, die Erneuerung des Menschen und der Natur. Die weiße Rose wird, wie die Lilie, zum Sinnbild der Jungfräulichkeit und der Reinheit Marias, die rote Rose zum Symbol ihres Anteils am Passionsleiden ihres Sohnes, aber auch zum Sinnbild der vollkommenen Liebe. In christologischem Zusammenhang ist die Rose ein Sinnbild des blutigen Martyriums der Heiligen, das auf Christus, den König der Märtyrer, übergeht.

Venantius Fortunatus (zweite Hälfte des 6. Jahrhunderts), Basileios der Große (um 330–379) und Ambrosius (um 340–397) bringen die Rosen in direkte Verbindung mit der Beschreibung des Paradieses. Besonders im Spätmittelalter wird die Madonna in einer Rosenlaube (»Madonna im Rosenhag«) dargestellt. Dieser Bildtypus des von Rosen umgebenen Paradiesgartens wandelt das Motiv der höfischen Gesellschaft im Freien ab. Letzteres ist die thematische Grundlage für die Darstellung in der Miniatur des Wiener *Tacuinum sanitatis*: Eine Dame und ein Herr in der rechten Bildhälfte, in weite faltenreiche Gewänder gekleidet, pflücken von einer baumförmigen Rosenstaude rote und weiße Rosenblüten und bringen diese einer Dame in hellrotem Gewand mit Rosenkranz im Haar, die sie in ihren Schoß legt. Der Erdboden ist wie auch in anderen Miniaturen der Handschrift spärlich bewuchst und durch schollenartige Formationen im Vordergrund gekennzeichnet.

Die Rose hat nach der Beschreibung im Wiener *Tacuinum* eine kalte Complexion im ersten, eine trockene im dritten, nach anderen im zweiten Grad. Vorzuziehen sind frische Rosen aus Suri und aus Persien. Ihr Nutzen besteht vor allem in ihrer positiven Wirkung für warmes Gehirn, sie bewirken aber bei manchen Personen eine Schwere und Enge des Geruchssinnes. Diesem Schaden kann mit Kampfer, nach anderen mit Krokus abgeholfen werden. Rosen erzeugen keine Frucht und sind zuträglich für Menschen mit warmer Complexion, für Jugendliche, in warmen Jahreszeiten und in warmen Gegenden.

SYMBOLIK
Zeichen für die Mutterschaft Marias, Sinnbild für das Paradies, das Martyrium Christi und der Heiligen.

MITTELALTERLICHE HEILKUNDE
Rosenextrakte wurden für Salben, Parfum, Sirup und Zucker verwendet.

Wien, Österreichische Nationalbibliothek, Cod. ser. nov. 2644, Blatt 38r

· Rore ·

Rore ɔplo. fri. iñ p̃. fic. m̃. al' iñ. Electo vtcces de iurñ ꝑlia lumanj. cerebro eã noeumet̃
effieit quib3 dã ɥ̃ueois; ꞇ ſtrictuñ ol fat. Remõ noct̃ eũ cãphoꝛa. al' circo. Q̃d ɡñat. o|2
neit eã muenib3. eã tꝑib3 ꞇ eã reɡiõib3.

LILIEN, *Lilia*

In der Miniatur zur Lilie ist ein Paar (Frau links kniend, Mann rechts stehend) damit beschäftigt, die Blumen zu schneiden und in eine Doppelhenkelvase zu geben. Wie in anderen Darstellungen der Wiener Handschrift ist das Paar in markanter Profilzeichnung dargestellt. Die Beschaffenheit des mit Gräsern bedeckten Bodens wird im Vordergrund summarisch mit schollenartigen Formationen angegeben, der Hintergrund ist in neutraler pergamentartiger Farbe dargestellt.

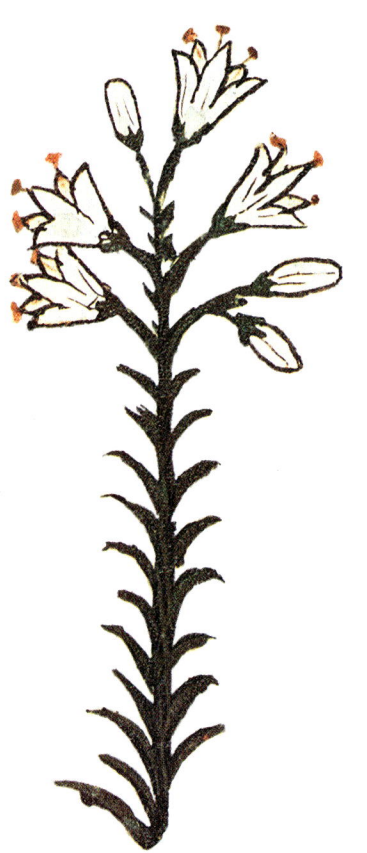

Im Hohelied Salomons wird die Schönheit der Lilie mit den körperlichen Reizen von Braut und Bräutigam verglichen. Die weiße Lilie (*Lilium candidum L.*) wurde zu einem Symbol für Reinheit und makellose Schönheit und fungierte sowohl als göttliches Lichtsymbol als auch als herrschaftliches Attribut. Symbolisch wird sie zumeist auf Maria und Christus bezogen. In manchen Darstellungen der Verkündigung an Maria stehen Lilien in einer Vase. Diese symbolisiert die Gottesmutter als Gefäß, in dem Christus erblühte. So weisen die Lilien sowohl auf die Makellosigkeit Marias wie auf die Herrlichkeit Christi hin.

Wegen ihrer herrlich weißen Blüte war die Lilie besonders in der jüdischen und christlichen Kunst ein beliebtes Motiv. Seit der Gotik tritt die weiße Lilie als Symbol der Reinheit immer stärker in den Vordergrund. Farbsymbolisch steht das glänzende Weiß der Lilienblüte für Unberührtheit und Jungfräulichkeit. Zusammen mit der Rose, welche die Farbe Rot für den Anteil Marias an der Passion Christi vertritt, kann die Lilie gleichsam als Hauptsymbolpflanze Marias bezeichnet werden. Nach Konrad von Megenbergs († 1374) bedeutendem »Buch der Natur« (1348/1350) vermag die Lilie Schlangen und somit das Böse zu vertreiben.

Die Lilie besitzt nach der Beschreibung im Wiener *Tacuinum* eine warme Complexion im zweiten und eine trockene im dritten Grad. Vorzuziehen sind himmelblaue Lilien. Die Lilien lösen die Überfüllung im Gehirn und reinigen das Zitronenwasser, schaden aber durch Kopfweh infolge Kälte. Dieser Schaden kann durch Kampfer verhütet werden. Eine Salbe aus Lilien gilt als wirksames Mittel gegen angespannte Nerven. Im Mörser zerstoßen und mit abgehangenem Schweinespeck vermischt, soll sie nach dreitätigem Auftragen Hühneraugen an den Zehen beseitigen. Lilien erzeugen zwar nichts, sind aber zuträglich für Menschen mit kalter Complexion, für Greise und Frauen, im Winter und in nördlichen Gegenden.

SYMBOLIK
Weist auf die Reinheit Marias und die Herrlichkeit Christi hin.

MITTELALTERLICHE HEILKUNDE
Vermag Schlangen zu vertreiben, löst Überfüllung im Gehirn.

MEDIZINISCHE WIRKUNG
Die weiße Lilie findet als Heilpflanze gegen Schwellungen und Verbrennungen Verwendung.

Wien, Österreichische Nationalbibliothek, Cod. ser. nov. 2644, Blatt 38v

Lilia.

Lilia. ꝗpꝉo. ca. iiiȷ. ſic iṅṫ. Elecꞇꝭ celeſtia uinaṁ. Reſoluṁꞇ ſuꝑſtuitᶜ oꝛeꝫeb; ꞇ pungiꞇ aꝗ
citinaṁ. noceṁꞇ. noceꞇ ſoꝛe exſiꞇ. Remꝺ noꞇi cū campꝗoꝛa. Qꝺ gꞇianꞇ. oꝼꝗuenuꞇ ſꞇꞇ ſcmb;
ꞇ mulieribꝫ bꝛeme ꞇ ſepꞇeꞇꝛioꝛalibꝫ.

VEILCHEN, *Viole*

Zwei Personen in roten Gewändern sind damit beschäftigt, die dunkelblauen Blüten der Veilchen abzuschneiden und zu sammeln. Die Veilchen sind aufgrund ihrer kleinen Gestalt inmitten der kreisförmig angeordneten hell- und dunkelgrünen Blätter schwer auszumachen. Den einzigen vertikalen Akzent in der Komposition liefert ein Laubbaum, der mächtig aufragt und den monochromen Pergamenthintergrund durchbricht.

Bereits in der Antike war das Veilchen bekannt. Der berühmte Arzt Hippokrates empfahl es zur Austreibung für die tote Geburt, und Dioskurides nahm es als Magenmittel. Es galt als die beste Medizin gegen »Katzenjammer«. Gegen Kopfschmerz war es dann im Mittelalter sehr geschätzt. Die Volksmedizin verwendete Veilchenwurzeln häufig bei Husten, Bronchitis und als Umschlag bei Hauterkrankungen. Die Bauern benutzten das Veilchen als Ernteorakel, um etwa den Beginn der Kornernte ermitteln zu können.

Seit dem frühen 15. Jahrhundert erscheint das Veilchen auf mittelalterlichen Tafelbildern als Mariensymbol. Biblischer Ausgangspunkt für die Auslegung des Veilchens als Blume Mariens ist das Hohelied (2, 12), dessen *flos campi* dem Veilchen gleichgesetzt wurde. Häufig tritt die Kombination der Marienblumen Rose, Lilie und Veilchen in der Interpretation als *Rosa claritatis*, *Lilium castitatis* und *Viola humilitatis* auf und verweist somit auf die Tugenden Klarheit, Keuschheit und Demut. Auf die Demut Mariens spielt zudem die häufig veilchenblaue Farbe des Mantels Mariens an.

Das Veilchen hat eine kalte Complexion im ersten und eine feuchte im zweiten Grad. Vorzuziehen sind lazulisblaue Veilchen mit vielen Blättern. Beim Kochen soll man diese kurz leicht aufwallen lassen. Aus dem Aufguß erhält man einen Essig von großer Wirkung gegen hohes Fieber. Der therapeutische Zweck der Veilchen besteht vor allem darin, daß gut duftende Veilchen, die bei *Frenesis* getrunken werden, die Galle reinigen. Schädlich sind sie vor allem wegen ihrer Kälte durch Katarrh. Der Duft der Veilchen besänftigt Raserei. Ebenso wie die Rosen und Lilien erzeugen sie nichts, Veilchen sind für Menschen mit warmer und trockener Complexion, für Jugendliche, im Sommer und in südlichen Gegenden zuträglich.

Tatsächlich enthält die Pflanze, vor allem die Wurzel, verschiedene Wirkstoffe, die reinigend und mild abführend wirken. Das Ackerveilchen (*Viola tricolor*) wird heute gegen Hautausschläge bei Kindern, gegen Diarrhöen, Husten und bei Harnwegerkrankungen verwendet. Zudem kann das Veilchen als harn- und schweißtreibendes Mittel verwendet werden.

SYMBOLIK
Jungfrau Maria, Zeichen der Demut.

MITTELALTERLICHE HEILKUNDE
Hilfe bei »Katzenjammer«, Husten, Magen- und Kopfschmerzen.

MEDIZINISCHE WIRKUNG
Reinigend und mild abführend.

Wien, Österreichische Nationalbibliothek, Cod. ser. nov. 2644, Blatt 39r

Viole.

Viole. coplo. frī. ī p̄. hū. ī ī. Electio lazule. multiplitium foliorū. uiuanitū colorate. ao firenesim bibite. purgant coleram. nocumitum. catrio ex frī⁰ nocet. Quid guant. o. huenunt. cal. ʒ. fic. uniembʒ. estate ʒ mioiosalibʒ.

ALRAUNE, *Fructus mandragore*

Das Nachtschattengewächs Mandragora mit seiner menschengestaltigen Wurzel Alraune (*Mandragora officinalis L.*) gehört zu den geheimnisvollsten Pflanzen, die in fast allen medizinischen Handschriften Eingang fand, aber in Mitteleuropa nirgendwo zu finden war.

Die Miniatur der Wiener Handschrift zeigt, wie sich ein Wurzelgräber in der rechten Bildhälfte zur Flucht wendet. Auf der linken Seite ist eine menschengestaltig bewurzelte und bereits halb aus dem Erdreich gezogene Pflanze mit großen pfeilartigen Blättern durch einen Strick mit einem schwarz-weiß geflecktem Hund verbunden, der im Vordergrund aus einer Wasserschüssel trinkt. Die Alraune galt im Mittelalter als ein Wesen, das halb Mensch und halb Kraut sei. Die deutsche Bezeichnung »Alraun« setzt sich zusammen aus »Alb« (Kobold) und »raunen« (flüstern).

Bereits Josephus Flavius (37 bis 93 n. Chr.) in seinem »Jüdischen Krieg« und dann das Herbarium des Pseudo-Apuleius erzählen von einer Pflanze, anscheinend der Mandragora, deren Wurzel sich dem Wurzelgräber zu entziehen sucht. Angeblich findet jeder den Tod, der sie dennoch freilegt. Die Texte berichten, daß die zauberkräftige Alraunwurzel einen ohrenbetäubenden Schrei ausstößt, wenn sie aus dem Boden gerissen wird. Darum läßt man sie durch einen Hund aus der Erde ziehen, der dann als stellvertretendes Opfer umkommt. Da die Alraunwurzel der Legende nach beim Herausziehen aus der Erde wie ein Kind bei der Geburt schreien soll, wurde Alraun als Periode-, Abtreibungs- und Geburtsmittel benutzt.

Es ist fraglich, ob es sich bei der Mandragora um eine Zauberdroge oder um ein im heutigen Sinn pharmakologisch wertvolles Medikament handelt. Einerseits ist nachgewiesen, daß die kugelige Frucht der *Mandragora officinalis* die Alkaloide Hyoscyamin und Scopolamin enthält und betäubend wirkt, was zur Anwendung als Narkotikum bei Operationen und schweren Geburten führte. Bauhin (1664) empfahl Alraun nur zur äußerlichen Anwendung, etwa gegen zu starke Menstruation oder auch gegen Wahnsinn. Anderseits weist die Vorstellung vom bizarr gestalteten, gegabelten und verzweigten Wurzelstock, der Alraune, als »Glücks- und Geldmännchen« eindeutig auf Vorstellungen des Volksaberglaubens, die in allen Gesellschaftsschichten präsent waren. Diesen Vorstellungen nach soll die Alraune auch Sonnen- und Mondfinsternisse erzeugen können.

Dem Herbarium des Pseudo-Apuleius zufolge war die Alraune, die heutigen Erkenntnissen zufolge giftig ist, ein Gegenmittel gegen Augenkrankheiten, Hautflecken, Schlangenbisse und Gelenkschmerzen. Im Mittelalter wurde die Pflanze unter anderem von Hildegard von Bingen (1098 bis 1179) beschrieben, die meinte, in diesem Gewächs sei der Einfluß des Teufels stärker fühlbar als in den übrigen Pflanzen, und die Mandragora wirke anregend zum Gutem wie zum Bösen hin. Diese recht allgemeinen Bemerkungen zur Wirkungsweise konkretisiert der Text zur Miniatur im *Tacuinum* mit der Erläuterung, daß jeder, der an den Früchten der Mandragora riecht, sich gegen hitzige Kopfschmerzen und Schlaflosigkeit schützt. Ein aus diesen Früchten bereitetes Pflaster soll auch gegen Hautinfektionen helfen. Eßbar sind die Mandragora-Früchte nicht, sie nützen den Hitzigen, den Jugendlichen, im Sommer und in südlichen Regionen.

SYMBOLIK
Halb Mensch, halb Kraut, tötet seinen Entdecker.

MITTELALTERLICHE HEILKUNDE
Periode-, Abtreibungs- und Geburtsmittel.

MEDIZINISCHE WIRKUNG
Enthält Hyoscyamin und Scopolamin, wirkt narkotisierend.

Wien, Österreichische Nationalbibliothek, Cod. ser. nov. 2644, Blatt 40r

Fructus mandragore. opto. fri. in. sic. i z. Electo magni coloreri. iunani. odorato in fol.
calam. i uigilias. emplando elefintie i ifectioib; nigris cutis. nocum. ebetat sensus. Re
nocti. cu fructu edere. Quid gnat no e comestibile fuenit. ca. buoib; estate i mdianis.

FRÜHLING, *Ver*

In der abendländischen Kunst personifiziert die italische Göttin der Blumen, Flora, den Frühling. Nach Ibn Botlan entspricht jede Jahreszeit einem der vier Elemente, aus denen sich der Kosmos zusammensetzt. Der Frühling steht für Luft, und da diese zwischen Feuer und Wasser eingeordnet ist, vereint er Wärme und Feuchtigkeit.

Die Miniatur zum Frühling zeigt höfische Liebespaare, in weite rote und blaue Gewänder gekleidet, vor einer Hecke voller roter und weißer Rosen und zwei Bäumen mit darauf sitzenden Vögeln. In den Gewändern und im Schuhwerk dominieren raffiniert eingesetzte Rot-Blau-Farbrhythmen. Die Miniatur übertrifft in formaler Hinsicht insofern viele andere der Wiener Handschrift, als alle dargestellten Figuren, deren variantenreiche und elegante Bewegungen über die sonst vorherrschende Profilzeichnung der Gesichter hinausgehen, eine szenische Einheit bilden. Der Berührungsgestus des linken Paares weist auf die untrennbar mit der Jahreszeit Frühling verbundene Thematik der Liebe.

In der spätantiken und mittelalterlichen Literatur wird das Motiv des *locus amoenus*, des »schönen Ortes«, häufig mit anderen Naturmotiven verbunden, namentlich mit dem Garten, dem ewigen Frühling und dem Paradies. Diese Vorstellung bezieht wesentliche Anregungen vom Eklogenmotiv Vergils und dem Hohen Lied des Alten Testaments (4, 12–16). Der Schöpfungsmythos des Alten Testaments gipfelt in einem Garten, und auch die eschatologische Hoffnung des Christentums stellt sich den Sitz der Seligen gerne als Garten vor. Hrabanus Maurus († 856) bezeichnete den Frühling als das durch die Taufe erlangte neue Leben oder die Auferstehung des Fleisches.

Der Frühling ist üblicherweise warm und gemäßigt feucht im zweiten Grad. Seine Mitte ist vorzuziehen. Er wird ganz allgemein als gut für Tiere und alles, was aus der Erde wächst, bezeichnet. Der Frühling schadet feuchten Körpern, da er in ihnen Fäulnis hervorruft. Durch die Reinigung des Körpers kann jedoch Schaden verhütet werden. Der Text beschreibt abschließend den Frühling als zuträglich für Menschen mit kalter, trockener und gemäßigter Complexion, für Jugendliche und andere, in beinahe allen Gegenden.

SYMBOLIK
Flora, die Göttin der Blumen, personifiziert den Frühling. Dieser steht auch mit der Vorstellung des Paradieses als Garten in Zusammenhang.

MITTELALTERLICHE HEILKUNDE
Gut für Menschen mit »kalter, trockener und gemäßigter Complexion«.

Wien, Österreichische Nationalbibliothek, Cod. ser. nov. 2644, Blatt 55v

Ver. ꝯplo. ca. tpate. hui. m̃. Acet medui. el. uuani. ꝯ fert ult aialibꝫ ⁊ tir naſcẽtibꝫ. nocu.
nocet cozbꝫ ꝑhumidis. qz facit i eis putredinẽ. Remð noeti mundificando cor. Ceñaturi
i eo humoz bonus ⁊ ſanguis multus. ꝓuenit fit ⁊ ſiꝭ ⁊ tpatis iuuenibꝫ ⁊ alys tpatis regio
nibꝫ ⁊ fere omnibꝫ.

SOMMER, *Estas*

Wie bei den anderen Miniaturen zu den vier Jahreszeiten (S. 46, 50, 52) wird auch beim Sommer eine charakteristische landwirtschaftliche Tätigkeit vorgeführt, in diesem Fall die Weizenernte.

Im Vordergrund kontrastieren spärlich angeordnete Gräser mit dem hellen Untergrund, während im Mittel- und Hintergrund sich das helle Weizenfeld vom dunklen Erdboden abhebt. In der rechten Bildhälfte sind ein Mann und eine Frau damit beschäftigt, mit Sicheln den Weizen zu schneiden, in zwei Ballen liegt der gebündelte Weizen bereits vor einem Baum in der Mitte des Bildes. In der linken Bildhälte steht ein mit Weizenähren bekränzter Mann in markanter Frontalität, der in beiden Händen kreisförmig angeordnete Weizenähren hält. Auch an seiner Hüfte ist ein Kranz von Ähren angebracht. Der Kontrast zwischen der betont frontalen Haltung des Mannes links und der beiden im Profil gegebenen arbeitenden Personen rechts ist ein bestimmendes formales Charakteristikum vieler Miniaturen der Wiener Handschrift.

Üblicherweise wird jeder Jahreszeit ein biblisches Ereignis zugeordnet: Während der Herbst mit der Weinlese (S. 50) unter Bezug auf das Gleichnis der biblischen Arbeiter im Weinberg nach Matthäus 20, 1–16 verbunden wird, steht die Tätigkeit Ruths beim Ährensammeln (Ruth 2, 2 f.) für den Sommer und die Auferstehung Christi (»Christus als Gärtner«, Markus 16, 9; Johannes 20, 14–18) für den Frühling (S. 46). Der geistige Hintergrund dieser Kombinationen besteht in der Einbeziehung aller Naturerscheinungen in den Kosmos christlicher Heilsgeschichte. In bezug auf die vier Elemente wird der Sommer mit dem Element Feuer verbunden.

Die erste Zeit des Sommers – wenn die Sonne im Haus des Krebses steht – gilt als für den Körper am gesündesten. Er trocknet die übermäßigen Flüsse, die sich durch die Speisen angesammelt haben und heilt die Krankheiten kalter Natur. Er vermehrt die Gallensäfte wie auch trockne Substanzen und verlangsamt die Verdauung.

SYMBOLIK
Die ährensammelnde Ruth steht für den Sommer, der üblicherweise mit dem Element Feuer verbunden wird.

MITTELALTERLICHE HEILKUNDE
Trocknet übermäßige Körperflüssigkeit, heilt Krankheiten »kalter« Natur.

Wien, Österreichische Nationalbibliothek, Cod. ser. nov. 2644, Blatt 54r

Estas.

Estas. opto. ca. mf. 7 fic inf. Electio ipi mpum. meli e corporibg: minani. disolunt fup
flintates. 7 egritudies fri. nocum. mmuit digones. 7 auget. cofam. Rem noeti ai regi
mie i fiitate. hmo. Quid auget humores colicos. 7 fic puenit. fri. 7 hu scibg: 7 septtoalib'

Die Miniatur zeigt die Weinlese als charakteristische Tätigkeit für die herbstliche Jahreszeit. Hier steht nicht eine bestimmte Pflanze oder Frucht im Vordergrund der Betrachtung, sondern die Tätigkeit der Weinlese und mit ihr die Jahreszeit, in der diese Arbeit stattfindet. Wenn die Sonne im Haus der Waage steht, bedeutet dies den Beginn des Herbstes, jener Jahreszeit, die mit dem Element Erde in Verbindung gebracht wird. Die lateinische Bezeichnung *autumnus* weist auf autere (abkühlen).

In der linken Bildhälfte tritt ein Mann die Kelter, während ihm ein Mädchen einen vollen Korb mit Weintrauben überreicht. Rechts ist ein Mann, der Rücken an Rücken zum Mädchen steht, mit dem Pflücken von Weintrauben beschäftigt. Wie auch in den anderen Miniaturen der Handschrift sind die Figuren in betonter Profilzeichnung wiedergegeben. Die Anstrengung bei ihrer Tätigkeit ist den Figuren mit ihren eleganten und fast grazilen Bewegungen kaum anzumerken. Diesem harmoni-

schen Bild entsprechen auch die sanft gerundeten Formen der Bäume und der weiche Schwung, mit dem eine große Weinrebe quer durch das Bild geführt wird. Das Ergebnis ist eine dekorative Füllung der Bildfläche mit Figuren und Elementen der Landschaft im Sinne eines Einklanges zwischen Natur und Mensch. Weinbau und -ernte werden bei allen Kulturvölkern erwähnt, zuerst im Sintflutbericht des Gilgamesch-Epos. Reich an Symbolen, die aus dem Weinbau und der Weinkultur übernommen werden, ist die bildhafte Sprache des Alten Testamentes, aber auch im Neuen Testament besitzt der Wein einen besonderen Stellenwert, da die Christen mit den Arbeitern im Weinberg (Matthäus 20, 1–16) und den bösen Winzern (Matthäus 21, 83), das endzeitliche Gericht mit der Weinernte (Apokalypse 14, 14) verglichen werden. Den Höhepunkt bildet in dieser Hinsicht der Selbstvergleich Christi mit dem Weinstock (Johannes 15, 1–5).

In der »Heilkunde« Hildegards von Bingen (1098–1179) wird der Wein gepriesen als das »Blut der Erde«. Dem Blute gleich wirkt er im Organismus wie ein »geschwind sich drehend Rad« und fungiert als Motor im Säftekreislauf des Menschen. Zudem bezeichnet sie den Wein als einen Heiltrunk voller *virtutes*, voll von *viriditas*, von erquickender Lebens-

grüne: »Denn der Wein heilt und erfreut den Menschen mit seiner gesunden Wärme und seiner großen Kraft«. Ähnlich stärkt auch nach Augustinus der heilkräftige Wein den schwachen Magen, erfrischt die ermatteten Kräfte, heilt die Wunden an Leib und Seele, verscheucht Trübsal und verjagt die Müdigkeit der Seele. Der Herbst wird im Wiener *Tacuinum sanitatis* als gemäßigt kalt im zweiten Grad bezeichnet. Als der beste Teil dieser Jahreszeit wird seine Mitte beschrieben, und als günstig gilt er dann, wenn sich das Klima stufenweise ändert, also keine abrupten Wetterumschwünge eintreten. Der Herbst, der melancholische Säfte vermehrt, schädigt Menschen mit »gemäßigter Konstitution« und jene, die zur Schwindsucht inklinieren. Diesem Schaden kann mit befeuchtenden Stoffen und Bädern begegnet werden. Zuträglich ist der Herbst mit warmer und feuchter Complexion, für Jugendliche und Heranwachsende sowie in warmen und feuchten Gegenden.

SYMBOLIK
Weinstock als Zeichen Christi und als Symbol für die endzeitliche Ernte.

MITTELALTERLICHE HEILKUNDE
Für Hildegard von Bingen ist der Wein »das Blut der Erde«, wirkt im Organismus wie ein »geschwind sich drehend Rad«.

Wien, Österreichische Nationalbibliothek, Cod. ser. nov. 2644, Blatt 54v

Autumpn. 2plo. fri. tpate mi. Electo medui ipi. uuani. gdatim. peebz ad3zia. ut ad calidu
t.hu fuecuui. nocet tpatis 2 plomb; 7 dispo.t ad ptusj. Remd nocti eu huectantibz 7 balneo. Od
auget huozes mel ecolicoz 7ueit. ca. 7hu uuitumbz fiue atol esectibz. ca. 7hu regioibz al.tepatis.

WINTER, *Hyemps*

Der Winter wird – der kalten Jahreszeit angepaßt – als Genreszene in einem Innenraum dargestellt. Wie in der Malerei des späten 13. und des 14. Jahrhunderts üblich, wird für die Wiedergabe eines Innenraumes die Außenansicht eines Hauses ohne Vorderwand verwendet, wodurch ein bühnenartiger Charakter entsteht. Über dem Gesims mit Konsolfries erhebt sich ein nicht besonders hohes Obergeschoß mit vier Zwillingsfenstern.

Ein rotgekleideter alter Mann schürt unter dem Rauchabzug das Feuer, während eine junge Frau ungeniert den Rock hebt, um die Wärme unter das Kleid dringen zu lassen. Die Szene veranlasst den von links eintretenden jungen Mann, der Holz auf der Schulter hereinträgt, zu einem Lächeln. In der Linken hält er eine erlegte Ente. Darin ist vielleicht ein Hinweis auf das Element Wasser zu sehen, das üblicherweise mit dem Winter verbunden wird.

Der sich am Feuer wärmende Mann tritt in Darstellungen des Winters sehr häufig auf, der Handlungszusammenhang mit der Frau und dem jungen Mann hingegen ist neu.

Der Text zur Miniatur beschreibt den Winter als gut für Gallenkrankheiten (also für die »hitzigen« Leiden) und die Verdauung stärkend. Wegen seiner kalt-feuchten Natur schadet er aber durch Vermehrung des Phlegmas. Mit Feuer und warmen Kleidern kann dieser Schaden verhütet werden. Nicht ohne Grund wird deshalb der Phlegmatiker häufig als alter Mann im Stuhl wiedergegeben, dessen ermattete Glieder sich nach Wärme sehnen. Günstig ist der Winter für Menschen, deren Natur »warm und trocken« ist, für Jugendliche und für die Bewohner südlicher und maritimer Regionen.

SYMBOLIK
Der sich am Feuer wärmende Mann stellt in anschaulicher Weise den Winter dar.

MITTELALTERLICHE HEILKUNDE
Mildert die »hitzigen Leiden«, etwa Erkrankungen der Galle.

Wien, Österreichische Nationalbibliothek, Cod. ser. nov. 2644, Blatt 55r

· Hyemps ·

hyemps. ꝯplo. frī. m̃. bu. m̃. mulie se hñs. Et ecto finis eī. uuauitinum eg̃tudinibᵿ. oliciā et
ꝯfortat vigones. nocumi. nocet egẽtudinibᵿ flaticis ꞇauget ꝼa. Remo nocti eñ igne ꞇ uestinue
ꝯueit. ca.ꞇ. si eī uuenibᵿ. nudianis ꞇ maximis regionibᵿ.

HASENFLEISCH, *Carnes leporine*

Diese Miniatur gehört zu den Kabinettstücken der Naturdarstellung in der Wiener Handschrift. Der Blickpunkt liegt sehr hoch, sodaß die Landschaft wie von einem Turm aus mit weit gegen den Oberrand gerücktem Horizont gesehen wird. Die im Hintergrund laufenden Tiere zwischen den minutiös gemalten Blättern wirken dabei übergroß. Das ermöglicht dem Miniator auf der kleinen Bildfläche viele Menschen, Tiere und Pflanzen unterzubringen. Kaleidoskopartig wird ein weites Panorama der Jagdtätigkeit und der Naturdarstellung vor dem Betrachter ausgebreitet: Mehrere Hunde hetzen zwei Hasen in der rechten oberen Bildhälfte, von denen sich einer

furchtsam umzublicken scheint. Zwei Treiber in bunten Kleidern, von denen der eine einen erlegten Hasen geschultert hält und der andere ein Hifthorn umgehängt hat, unterhalten sich. Allegorisch sieht die theologische Literatur im Hasen den schwachen und ängstlichen Menschen, der gejagt wird und vor den Ver-

folgern im Felsen, d.h. im wahren Glauben der Kirche, Zuflucht sucht.

Das Hasenfleisch wird im Text zur Miniatur als warm und trocken im zweiten Grad beschrieben und als gut gegen Fettleibigkeit bezeichnet, kann aber auch Schlaflosigkeit verursachen. Da der Hase ein wachsames Tier ist, das mit offenen Augen schläft, kann sich nach Ansicht des Autors diese Eigenschaft auf den Esser des Hasenfleisches übertragen. Durch aromatische, verfeinernde Substanzen läßt sich diese Störung vermeiden. Im Alten Testament (Leviticus 11, 6; Deuteronomium 14, 7) findet sich das Verbot, Hasenfleisch zu essen, was in späterer Zeit mit der Fruchtbarkeit und Unkeuschheit des Hasen begründet wurde.

Nach der Beschreibung im Wiener *Tacuinum* bildet das Hasenfleisch melancholische Säfte. Da es »warm und trocken« ist, wird es als gut für Leute mit kalter Natur, für Geschwächte und zwar vor allem im Winter und in nördlichen Regionen bezeichnet. Unmittelbar mit der Darstellung in Zusammenhang steht die Empfehlung, daß vorzugsweise jüngere Tiere, die durch Jagdhunde gefangen werden, zu konsumieren sind. Das Hasenfleisch soll man am besten in der nächtlichen Kühle abhängen lassen. Junge Hasen, in Wasser und Wein mit Salbei gekocht, mit Salbei und Nelkenblüten gebraten oder als Pastete zubereitet, sind besonders zart und dem Magen angenehm.

SYMBOLIK
Der Hase stellt den ängstlichen Menschen dar, der im christlichen Glauben Zuflucht sucht.

MITTELALTERLICHE HEILKUNDE
Das Hasenfleisch bildet melancholische Säfte und ist für den Magen angenehm.

Wien, Österreichische Nationalbibliothek, Cod. ser. nov. 2644, Blatt 72r

Canes leporie. cplo. ca. 7. sic m̄. Electo Juniores capi. puenatozes canes. uua. iferunt supa-
tis amulta pinguedie. Mouentum uigilaus fatuit. Remō nocumti ei aroma aromaticis sb-
tiliatuis. Quid gn̄ant humoze melecolicū. uiuunt mag. fris deerepitis. breme 7. fris re-
giombz

FLEISCH VON KÜHEN UND KAMELEN, *Carnes vachine et camelorum*

Die Miniatur gehört thematisch zu einer größeren Gruppe von Miniaturen der Wiener Handschrift, die sich in ausführlicher Weise mit verschiedenen Fleischsorten (Gazellen-, Hasen-, Widder-, Ziegen-, Kalb-, Schweine-, Tierhirne, Dörr- und geröstetes Fleisch [Blätter 71v-75v]) beschäftigt. In diesen Miniaturen stehen die unterschiedlichen menschlichen Fertigkeiten, die zur Gewinnung und zum Genuß des Fleisches notwendig sind, wie die Jagd, das Schlachten, das Ausweiden, die Zubereitung oder das Pökeln im Vordergrund. Die Darstellung des jeweiligen Gegenstandes steht in einem Handlungszusammenhang, der interessante Einblicke in das italienische Handels- und Wirtschaftsleben des Spätmittelalters erlaubt.

Der Autor des Textes, der Orientale Ibn Botlan (S. 24), berichtete auch über den Nutzen des Kamelfleisches, sodaß dem Miniator nichts anderes übrig blieb, als dieses exotische Tier in der linken Bildhälfte in einen italienischen Fleischerladen hereinführen zu lassen, der durch seinen bühnenartigen Aufbau den Charakter eines Gassenladens besitzt. Im Hintergrund wird einem geschlachteten Kamel das Fell abgezogen, während auf der Schlachtbank das Tier portioniert wird. Von rechts nähert sich eine Gruppe von drei interessierten Zuschauern bzw. Käufern.

In allegorischer Hinsicht wird das Niederknien des Kamels, um eine Last aufzunehmen, als ein Sinnbild des Gehorsams Christi und seines Kommens auf die Erde gedeutet.

Im Text zur Miniatur der Wiener Handschrift heißt es, daß Kuh- und Kamelfleisch warm und trocken im zweiten Grad seien. Vorzuziehen sei das Fleisch junger, zur Arbeit herangezogener Tiere. Daher wird es als gut für die körperlich Arbeitenden und für jene, die an starkem Gallenfluß leiden, beschrieben. Wie das Hasenfleisch kann auch das Fleisch von Kühen und Kamelen melancholische Säfte bilden. Dem kann aber mit Zucker und Pfeffer abgeholfen werden. Besonders zuträglich ist das Kuh- und Kamelfleisch für Menschen mit warmer Konstitution, für Jugendliche, im Winter und in nördlichen Gegenden.

Carnes uacce ꝛ camellorum. ꝓplo. ca. ꝛ ſic uñ. Electo iuuenum ererarta. uiuam. p̄ſtant
ererantibꝫ ſe. ꝛ patientibꝫ fluxium colicum. Si ocurrūtum fatuit egrndumbꝫ melācolieis. Rem.
nocuiti. eum. ꝛꝫ. ꝛ piſꝫ. Quid gñant ſanguine groſſium melecolieti. Conueiunt mag eã.
iuuenibꝫ ueriẽ ꝛ ſep tentrionalibꝫ :—

MILZ, *Splenes*

Die Miniatur zeigt die Küche eines spätmittelalterlichen Bürgerhauses mit offener Feuerstelle, Rauchabzug und Kessel an einer Kette, mit einem eisernen Gestell für den Bratspieß und einer Wandnische für Küchengeräte. Ein kleiner Küchenjunge in der rechten Bildhälfte dreht den Spieß und hält eine rohe Milz in der Linken, während der Koch in rotem Gewand und mit Kopfbedeckung hinter einem Tisch in der linken Bildhälfte die Milzen reinigt.

Die reiche Detailschilderung ist typisch für die meisten Miniaturen der Wiener Handschrift und zeichnet insgesamt viele Interieurs in der bildenden Kunst des 15. Jahrhunderts aus. Die Vielfalt des Alltags steht aber in Kontrast zu dem einfach und stereotyp gestalteten Äußeren des Hauses mit dem schmalen Obergeschoß und den vier einfach gestalteten Rundfenstern. Die Darstellung gehört zu einer Reihe von Miniaturen der Handschrift, welche die Innereien und Eingeweide von Tieren zeigen und beschreiben.

Die lateinische Bezeichnung *splenes* ist im englischen *spleen* erhalten, das sowohl den anatomischen Begriff Milz, die üble Laune, die Melancholie als auch den »Spleen« bzw. Tick bedeuten kann. An diese Deutung schließt auch die Interpretation im Text an, nach der die Milz zähe und melancholische Säfte erzeugt.

Sie wird als warm und trocken im zweiten oder ersten Grad beschrieben. Als die beste Milz gilt jene von jungen und fetten Tieren, vor allem von Schweinen. Sie verstärkt die Konstitution und die Wirkung der Körpersäfte. Für an Melancholie leidende Menschen wird sie als ungünstig bezeichnet, aber durch das Dünsten in Fett und viel Öl läßt sich dieser Schaden vermeiden. Die Milz wird als gut für den Menschen mit den Konstitutionsfaktoren »warm« und »feucht« (Sanguiniker), für Jugendliche und für Bewohner gebirgiger Regionen, vor allem im Winter, angesehen.

SYMBOLIK
Die Milz als Sitz der üblen Laune und der Melancholie.

MITTELALTERLICHE HEILKUNDE
Erzeugt zähe und melancholische Säfte, der Verzehr ist nützlich für Sanguiniker.

Wien, Österreichische Nationalbibliothek, Cod. ser. nov. 2644, Blatt 80v

· Splenes ·

Splenes. ꝓplo. caꝯ.fic. in ꝗ̃. al̃.ꝑ. Electo ex pinguibꝫ aliꝗꝫ ꝯ iuuenibꝫ ꝓ̃cipue porcorum. uniuitum adigrostandum ꝯplone꜡ ꝯ huores. nocumentum patientibꝫ melancoliꝯ. Remo nocumti cum pinguedie ꝯ oleo mũto. Quid gñiant huores malum ꝯ melecoliꝯ ꝗuenuit mag calis ꝯ huis. iuuenibꝫ hyeme ꝯ montinis.

FLUSSNEUNAUGEN, *Lamprete*

Diese Miniatur zu den Flußneunaugen gehört zu den interessantesten der ganzen Handschrift. Sie befindet sich in der Gruppe mit den Fischen (Blätter 82r-84v: frische Fische, Salzfische, Krebse, in Essig eingelegte Fische und Ambra). Der altlateinische Name *Lampetra* beschreibt die Angewohnheit der Lampreten, sich an Steinen festzusaugen.

Im Gegensatz zu den die Handschrift dominierenden Interieurs wird in dieser Darstellung eine Szene im Freien gezeigt, nämlich der Fang von Neunaugen (Rundmäulern) mit dem Kescher. Ein Fischer steht mit hochgestecktem Wams in einem an beiden Ufern von Bäumen gesäumten reißenden Fluß und bemüht sich mit beiden Armen, Fische aus der Strömung zu holen. Die dahinter befindliche Szene zeigt, wie die gefangenen Fische in einem Holzbottich aufbewahrt werden. Rechts hat sich bereits ein Käufer eingefunden, der die lebenden Tiere in einem weißen Krug heimtragen will.

Wie in vielen anderen Miniaturen der Wiener Handschrift schließen sich Fang und Verkauf zu einer bildlichen Einheit zusammen. Die Miniator fügt die unterschiedlichen Elemente des Geschehens zusammen, indem er die Darstellung des Flusses und die diesen begrenzenden Landstreifen in Form einer Draufsicht gleichsam »hochklappt«. Was sich eigentlich in der Tiefe des Raumes abspielen müßte, wird in der Miniatur in die Fläche gepreßt. Die Baumgruppen erfüllen die Funktion seitlich rahmender Elemente. Den einzigen Akzent in Blau bildet der Fluß, dessen Gischt und Schaumkronen als weiße Strähnen verdeutlicht werden.

Der Autor führt in seiner Beschreibung aus,

daß Lampreten kalt und feucht im zweiten Grad seien, jedoch nicht so feucht wie Aale. Er gibt den Ratschlag, diese aus einem Fluß zu holen, der über Steine fließt. Die Fische nähren reichlich, sind aber für einen schwachen und feuchten Magen ungünstig, daher wird geraten, sie entsprechend zu salzen und pfeffern. Sehr gut schmecken sie, wenn man sie in Malvasierwein legt, ihr Maul mit Muskatnuß füllt und sie mit Nelkenblüten spickt. Zu empfehlen sind die Flußneunaugen für Menschen mit »warm-trockener« Konstitution (Choleriker), denn sie bilden phlegmatische Säfte, für Jugendliche, im Herbst und Sommer, und in nördlichen Regionen, weil sie dort besser verdaut werden können.

SYMBOLIK
Fisch als Symbol Christi.

MITTELALTERLICHE HEILKUNDE
Fische nähren reichlich, sind aber für einen schwachen Magen ungünstig.

MEDIZINISCHE WIRKUNG
Reich an Vitaminen, Eiweiß und Jod.

Wien, Österreichische Nationalbibliothek, Cod. ser. nov. 2644, Blatt 84r

Lampte.

Lampte cpo fri. 7 bn. i l. mious tn bn. q̃ anguile. Electo fluis deentis sup petras. uina.
un pinguat 7 multum nutriunt. Nceunitun stõ debili 7 buo Remo nocumti ei salut9
7 pise. Quid gũant humore flegmaticu pueniunt mag. ca. 7 sie. iuueib; antipno 7 estate
septentrioalib; quia mel9 digerimt.

QUELLWASSER, *Aqua funtium*

Die Miniatur mit der Darstellung des Quellwassers steht in Zusammenhang mit der umfangreichen Behandlung der verschiedenen Arten des Wassers im Wiener *Tacuinum sanitatis* (Salzwasser, warmes Wasser, Regenwasser und alaunhaltiges Wasser). Jeder Kategorie ist eine bestimmte charakteristische Genreszene zugeordnet, die weniger auf die Wiedergabe der jeweiligen Heilwirkung des Wassers abzielt, als vielmehr das tägliche Leben schildert.

Vor einem Bergmassiv mit markanten Felszacken steht zwischen Bäumen ein von vier schmalen Säulen getragener Brunnen. Hinter dessen rechteckigem Becken befindet sich ein Aufsatz mit einem von einem Walmdach bekrönten Doppelbogen. Eine junge Frau, die das Gewand mit der Rechten rafft und mit der Linken einen Wasserbottich aus Holz hält, ist im Begriff durch einen mächtigen Torbogen in ein Haus mit phantasieartig gestaltetem Gesimsaufsatz zu schreiten. Der Künstler ist offenbar bestrebt, durch entsprechende Bewegungsmotive eine Verbindung zwischen Außen- und Innenwelt herzustellen. Die junge Frau mit dem Gefäß auf dem Kopf ist ein außerordentlich prominentes Motiv in der italienischen Malerei des 15. Jahrhunderts, das dem Anspruch des Miniators auf eine realistische Naturwiedergabe entgegenkommt.

Das Quellwasser wird als kalt und feucht im vierten Grad beschrieben und als gut gegen eine Leberentzündung und für die Verdauung bezeichnet. Schädlich ist hingegen, daß das abgekühlte Quellwasser feuchte Blähungen verursacht. Dem kann durch ein Bad sowie mäßige körperliche Betätigung abgeholfen werden. Besonders zuträglich ist das Quellwasser für Menschen mit warmer und trockener Complexion, für Jugendliche, im Sommer und in warmen Gegenden.

SYMBOLIK
Quelle des ewigen Lebens, Sinnbild Marias.

MITTELALTERLICHE HEILKUNDE
Gut für die Verdauung und bei Leberleiden.

MEDIZINISCHE WIRKUNG
Vielfältige Wirkung als Heilwasser.

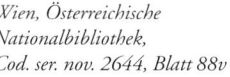

Wien, Österreichische Nationalbibliothek, Cod. ser. nov. 2644, Blatt 88v

Aqua funtium.

Aqua fontium. cpło. frī. ꝯ hu. i. ɢ. Electo ex fontibꝰ ouētalibꝰ. uiuaní. ꝯ fert epati calo
ꝛ ꝺꝛgoīni. Nocuni. i fraue ꝛ fatuit iuflaticees buiaſ. Remo noctí cū balueo ꝛ exꝛcitio moꝺe
rato. Quiꝺ gñat multiplicat urinaī ſouemt mag. caꝯꝛ ſic. iuuenibꝰ eſtate ꝛ. ca.ꝰ regioibꝰ.

Schnee und Eis, *Nix et glacies*

Die Miniatur mit bizarr gestalteten Eis- und Schneeformationen in kühner Linienführung ist in den Bereich der Phantasielandschaften einzuordnen. Der Fels läßt in der Mitte ein großes Becken für eine Eisfläche frei. Im Vordergrund trägt ein Esel mit Hilfe eines primitiven Packsattels Holz in das Tal, und sein Treiber sticht ihn in die Hinterbacken, um ihn anzutreiben.

Die Miniatur entspricht dem Bestreben des Miniators, die vier Elemente nicht in nüchterner Aufzählung zu zeigen, sondern in eine umfassende Genre- und Naturszenerie einzubinden. Mit Schnee und Eis werden zudem wesentliche Charakteristika der Jahreszeit Winter (S. 52) vorgestellt. Der Phantasiecharakter der Landschaft mit ihren eigentlich unnaturalistischen und symmetrischen Felsformationen zeigt deutlich, daß sowohl die genaue Naturbeobachtung als auch die künstlerische Freiheit den Charakter der Miniaturen im Wiener *Tacuinum sanitatis* bestimmen.

Der Text belehrt den Leser, daß Eis und Schnee im dritten Grad kalt und feucht sind. Günstige Wirkung erzielen beide Dinge dann, wenn sie aus gutem Süßwasser entstanden sind. Schnee und Eis fördern die Verdauung, reizen aber zum Husten, was sich verhüten läßt, wenn man vor dem Genuß von Eis und Schnee mäßig trinkt. Schnee und Eis bewirken zudem Gelenkschmerzen und Lähmungen, sind aber für Menschen mit »warmer Konstitution« und für Jugendliche gut, und zwar vor allem im Sommer und in südlichen Gegenden.

SYMBOLIK
Marienlegenden, Schneewunder.

MITTELALTERLICHE HEILKUNDE
Fördert die Verdauung, bewirkt aber auch Gelenkschmerzen und Lähmungen.

MEDIZINISCHE WIRKUNG
Lindernd bei Prellungen und Schwellungen.

Wien, Österreichische Nationalbibliothek, Cod. ser. nov. 2644, Blatt 90r

Nix ⁊ glaties.

Nix ⁊ glaties. Complo. fri. ⁊ hu. in₃. Aceto ex aqua dulci ⁊ bona. uiuam. melioꝛ at digð-
nem. Aquinitati tussim ꝰ duct. Remð noci bireðo antea medica̅. Quid gñat uessica-
tiones uectirazu₃ ⁊ palustin Conuec̅ mag. ca̅. uuasi̅b₃. estate meridianis regioib₃.

DER GESPRÄCHSPARTNER, *Confabulator*

Die Miniatur befindet sich im Wiener Codex zwischen der Darstellung des Schlafes und jener mit der Wiedergabe von Gesprächen während des Schlafes. Diese Positionierung findet eine zusätzliche Unterstützung im Text, wo es heißt, daß Zwiesprache von Natur aus eine der Hauptursachen des Schlafes sei. Die Abfolge dieser auf den ersten Blick scheinbar nicht zusammengehörenden Miniaturen besitzt somit eine inhaltliche Logik.

Der alte, rotgekleidete Mann in der linken Bildhälfte, der im Typus entfernt an jenen in der Darstellung des Winters (S. 52) erinnert, wird als *Confabulator*, als Gesprächspartner, beschrieben. Ihm gegenüber sitzt eine ältere Frau mit weißem Kopftuch, die eine Spindel unter der linken Hand hält. Im Vordergrund haben sich ein junger Mann in roter Kleidung und zwei Kinder um das flackernde Kaminfeuer geschart, um den Erzählungen des bärtigen Mannes, der mit der Linken eine hinweisende Bewegung macht und in der Rechten einen Stock hält, zu lauschen. Dieses sich im Innenraum abspielende Geschehen ist durch eine Tür mit Rundbogen von einem Nebenraum und durch zwei kapitellartige Blattkonsolen von der Vorderfront abgegrenzt, wodurch ein bühnenartiger Eindruck entsteht.

Der Autor führt in der Beschreibung zur Miniatur aus, daß es gut sei, wenn die Natur des Gesprächspartners jenem Menschen zusagt, der einschlafen will, denn wenn sich jemand an einer Erzählung ergötzt, so verbessert das nicht nur seine Sinne und Geister, sondern auch seine Verdauung. Schädlich hingegen ist es, wenn mehrere Erzähler reden, während man nur einem zuhören soll. Es wird daher aus verständlichen Gründen geraten, demjenigen Schweigen zu gebieten, dem man nicht zuhören möchte. Konversation wird für alle Lebensalter mit Ausnahme des kindlichen als gut bezeichnet, und zwar zu jeder Jahreszeit, vor allem aber im Winter und in bewohnten Regionen.

MITTELALTERLICHE HEILKUNDE
Auf gute Konversation folgt tiefer Schlaf.

Wien, Österreichische Nationalbibliothek, Cod. ser. nov. 2644, Blatt 100v

Confabulator

Confabulato. n̄a. ē. una cāx ſompni. Elect̄o ꝯuciens ñe uoletis dormire. uuiam̄. delectitib; inꝑa.
meliorat i eꝯ digōnē; ⁊ ſenſ ⁊ ſp̄s. Alocumtum audir ples ꝯfabulatores. cū uoluit n̄ uuī. audie.
Remꝺ noeti iꝑonere ſcilentiu̅. illi ſqͥ audire nō cup̄. Conueit oib; ꝯplonib; oib; etatib; ꝑter
puͥis. oi tp̄r ſi mag hreme ⁊ regiōi hitat̄e.

Einige Miniaturen im letzten Teil der Handschrift stellen Genreszenen dar, die im engeren Sinn nichts mehr mit bestimmten Pflanzen oder Heilmitteln zu tun haben, sondern verschiedene Aspekte des täglichen Lebens in den Vordergrund rücken. In diese Kategorie gehört nicht nur der »Gesprächspartner« (S. 66), sondern auch die Beschreibung sportlicher Betätigungen wie des Fechtens oder alltägliche Tätigkeiten und Themen wie Schlaf, Wachen, Spaziergänge, Gesang, Musizieren, Fröhlichkeit, Trunkenheit und Erbrechen.

Die Miniatur mit der Szene des Reitens kann als eine der qualitätvollsten der Handschrift bezeichnet werden. Ein prunkvoll gekleidetes Paar reitet an einem zweigeschossigen Gebäude vorüber, das im Obergeschoß zwei Doppelfenster besitzt, an denen je ein Paar steht. Die beiden Geschosse sind durch einen Rundbogenfries voneinander getrennt. An der einen Schmalseite des Baues schließt ein mehrfach gebrochener und von dekorierten Giebeln besetzter erkerähnlicher Zubau an, der auf Säulenarkaden ruht. Zum Erker führt eine Treppe, auf deren Postament eine Dame mit einer weißen und drei roten Rosen (S. 38) steht, offensichtlich eine Anspielung auf die Liebe und den Minnedienst der im Obergeschoß befindlichen Paare.

Das Reiten wird im beigefügten Text als Tätigkeit beschrieben, die vorzuziehen ist, wenn sie Schweiß hervorruft. Dabei soll die Bewegung maßvoll sein, und deshalb ist es vorteilhaft, im flachen Gelände ohne Hindernisse und zu gemäßigter Jahreszeit zu reiten. Der Nutzen dieser Beschäftigung wird recht vielfältig charakterisiert: Das Reiten bewirkt, daß die natürliche Wärme die Verdauung anregt. Zudem bringt es diese Tätigkeit mit sich, daß die Poren geöffnet und die Öffnungen durch den Schweiß gereinigt werden. Im Übermaß betrieben kann das Reiten hingegen auch Schaden hervorrufen. Dem kann aber durch feuchte Objekte und durch Ausruhen abgeholfen werden.

MITTELALTERLICHE HEILKUNDE
Öffnet die Poren und reinigt sie durch Schweiß, fördert die Verdauung.

Wien, Österreichische Nationalbibliothek, Cod. ser. nov. 2644, Blatt 102r

. Equitatio .

Equitatio na ei mot' quidã moderatus. mediante equitatã. Electo, puõcas sudoꝛ: e unua. fac
q̃ excitat caloꝛe: nalem ipin q̃ agitat ad digone: puõcandaꝛ ꞇ subtiliadaꝛ srituꝰ. Ео q̃ apit pꝛ:
roꝛ ꞇ meat' mundificat cũ sudoꝛe. Tertio idurat mbꝛa coꝛ eõttio. ꞇ ficatðe. Nocunitur cũ eꝛõdðt
ico. Remo cũ huis ꞇ qete fuiõt mag. cãn huis pꝛteis. ꞇ unuels̃ tẽpatis. tꝛpibus planis regioibus
tꝛpatis expeditis: —

ACHATSTEIN, *Lapis acatus*

Der Physiologus beschreibt, wie Taucher mit Hilfe des Achatsteins Perlen finden. Sie lassen den Stein an einer ziemlich dicken Schnur ins Meer hinab, worauf der Achat über die Perle zu ruhen kommt, nicht schwankt und dort bleibt. Sodann folgen die Taucher dem Seil, das den Standort des Achatsteins anzeigt und auf diese Weise finden sie die Perle.

Der innerhalb des breiten Rahmens zur Verfügung stehende Raum wird so aufgeteilt, daß der linke obere Teil von der Silhouette eines Bootes mit zwei Ruderern eingenommen wird. Der auf der rechten Seite dieses Bootes sitzende Insasse beschäftigt sich mit einer Kette, an der sich der Perlentaucher kopfüber in die Tiefe hinunterläßt. Die Art, wie der nackte Körper des Tauchers, das Braungelb des Schiffes und der Ruderschaufel durch das Wasser hindurchscheinen, ist außerordentlich qualitätvoll gestaltet und läßt – wie auch bei anderen Miniaturen der Handschrift – auf eine entsprechend gute Vorlage schließen.

In der allegorischen Auslegung des Physiologus wird der Achat, der die Perle findet, mit Johannes dem Täufer verglichen. Dieser hat den Menschen die kostbare Perle, Jesus Christus, gezeigt und auf ihn als den zukünftigen Erlöser verwiesen: »Seht, das Lamm Gottes, das die Sünde der Welt hinwegnimmt!« (Johannes 1, 29). Das Meer ist als die Welt zu verstehen, die Taucher können als die Schar der alttestamentlichen Propheten gedeutet werden, Christus wird als die wahre Perle gepriesen. Dem Menschen, der dieses kostbare Geschenk besitzen will, wird im Sinne des Auftrags des Evangeliums geraten, sein Gut zu verkaufen und es den Bettlern zu geben (Matthäus 13, 45f. und 19, 21).

SYMBOLIK
Der Achatstein, der den Standort der Perle anzeigt, entspricht Johannes dem Täufer, der Christus findet.

Bern, Burgerbibliothek, Codex Bongarsianus 318, Blatt 20v

DE LAPIDE ACATO

Quando artifices querunt margarita p̄ actu inue
niunt eam ingrossiorem resticulam dimittunt eam
in mare. Venit ergo acathes sup̄ margaretam & n̄
mouetur. Statim ergo ori natur isecuntur restem
& inueniunt margaretā. Conchos uocatur pisces qui
in marie aperit ostium & sucipi & curam & radio
solis simul & lune. & sic concipiā margaretā. A cates
ergo qui inuenit margaretā. accipitur iohannes
ostendit p̄ciosa margaretā dn̄m ih̄m xp̄m de quo
dixit. Ecce agnus d̄i. ecce qui tollit peccata mundi.
hac ē uera margareta. Quē tu homo si uolueris
habere uende bona tua & dā p. uperibus & inueni es eā.

LÖWE, *Leo*

Auf der Stufe eines bewachsenen Bergkammes in der linken Bildhälfte steht der mit einem Heiligenschein gekennzeichnete Patriarch Jakob, der seine Rechte zum Segensgestus erhoben hält. Von rechts nähert sich mit majestätischen Schritten der im Text als »Junger Löwe Juda, mein Sohn« bezeichnete Löwe. Die Szene wird nach hinten durch einen hohen Gebirgszug begrenzt, nach vorn durch Paare von Rindern, Bären und Hirschen.

Die Miniatur dokumentiert nachdrücklich die symbolische Bedeutung des Löwen als König aller Tiere. Am Textbeginn wird auf diese Rolle hingewiesen und mit dem Segensspruch Jakobs über Juda (Genesis 49, 9) verbunden: »Junger Löwe Juda, mein Sohn«. In der Folge werden die drei auf Christus bezogenen Eigenschaften des Löwen (S. 90) ausgeführt. Die Bibelstelle der Genesis erfuhr im Laufe der Jahrhunderte vielfältige Deutungen. Die Darstellung des Jakobsegens auf dem berühmten »Klosterneuburger Altar« des Nikolaus von Verdun (1181) etwa wurde auf die Auferstehung Christi bezogen. Im Spätmittelalter entstand im Osten Deutschlands der Bildtypus der Muttergottes auf dem Löwen, die ihren Sohn als den geweissagten Löwen von Juda vorführt.

Im Mittelalter werden die drei Naturen des Löwen mitunter um die »Großmütigkeit« gegenüber jenen erweitert, die sich ihm unterwerfen. Die Funktion des »Königs« (aller Tiere) verband sich häufig mit der des Richters und des Kämpfers gegen Falschheit und Lüge.

SYMBOLIK
Christus als
»Löwe von Juda«.

Bern, Burgerbibliothek,
Codex Bongarsianus 318,
Blatt 7r

ESTLEO REGALIS OM

mum animalium & bestiarum. Ideo & Iacob
benedicens Iuda dicebat. Catulus leonis Iuda
filius meus & cetera. Physiologus narrat
de leone qui tres naturas habet
prima natura leonis haec est.

ADLER, *Aquila*

Die gut erhaltene Miniatur fällt in kompositorischer Hinsicht durch eine weite Sicht in eine nicht näher charakterisierte Landschaft auf. Die Darstellung des Adlers zeigt weitgeöffnete Flügel. Die Unebenheiten des Bodens sind mit breiten Pinselstrichen in grauem und rötlichem Braun wiedergegeben. Am oberen Rand wird die Miniatur durch einen lichten, grünen Streifen abgeschlossen. Als Hinweis auf das im Physiologus erwähnte heilende und verjüngende Quellwasser kann die blaue Wasserfläche im Vordergrund verstanden werden.

Der Physiologus beschreibt, wie der Adler altert und seine Flügel schwer und seine Augen trübe werden. Um diesem Zustand abzuhelfen fliegt er in den Dunstkreis der Sonne, breitet seine Flügel aus, verbrennt seine alten Fittiche und läßt sich herab zu einer Wasserquelle, taucht dreimal unter und steigt jung wieder auf. In der Bibel heißt es: »Deine Jugend wird erneuert werden wie die des Adlers« (Psalm 103 [102], 5).

Die Natur des Adlers wird so gedeutet, daß die geistliche Quelle, das Wort Gottes, jedem helfen kann, der das alte Gewand trägt. Jesus Christus, die »Sonne der Gerechtigkeit« (Malachias 4, 2), zieht dem Menschen das »alte Gewand des Teufels« aus und läßt ihn in Namen der Trinität taufen, wodurch aus dem »alten Menschen« ein neuer, nach dem Ebenbild Gottes Geschaffener wird.

SYMBOLIK
Sinnbild der Auferstehung und der Himmelfahrt Christi, aber auch Symbol des Teufels.

Bern, Burgerbibliothek, Codex Bongarsianus 318, Blatt 10v

peccatum non fecit. & humiliauit se ut nos exaltare.
Bene ergo phisiolocus narrat de nocticoracis.

DE NATURA VOLATILE AQUILE

Dauid dicit renouabitur sicut aquile iuuentus
tua. Phisiolocus dix de aquila. qm si senuerit graua
buntur ale eius & caliginant oculi ipsius. Quid ergo facit &
querit fontem aqua munda & uolat in aera solis ex
tendit alas & descendit in fontem aquae. Baptizatur
per ter & ascendit reprobans caliginem oculorum &
renouabitur & nouus fit. Sic autem & tu ueterem
indumentum habens & caligant tibi oculi qui require spiri
tale fonte di uerbum. qui dix mede relinque fontem
uiuam aque. Et uolans in altitudinem solis iustitiae
ihs xps. Et ipse exuit ueterem indumentum diaboli
& baptizare in sempiternum fontem. In nomine pa
tris & filii & sps sci. hoc ergo dauid dicit renouabitur
sicut aquila iuuentus tua.

SCHLANGE, *Serpens*

Umfangreichen Raum im »Berner Physiologus« nehmen die Illustrationen zur Schlange ein, was durch die bedeutende Rolle der Schlange als Symbol des Teufels bedingt ist. Ähnlich wie der Löwe (S. 72) und der Adler (S. 74) wird auch die Schlange durch eine Vielzahl zum Teil widersprüchlicher Eigenschaften charakterisiert: Sie gilt sowohl als klug und listig, aber auch als sündhaft und bösartig.

Der Physiologus berichtet, daß die Viper bis zum Nabel das Gesicht eines Mannes und bis zum Schwanz die Gestalt eines Krokodils hat. Johannes der Täufer vergleicht die Vipern mit den Pharisäern, welche die Propheten und Christus getötet haben (Matthäus 3, 7; Lukas 3, 7). Im Anschluß daran handelt der Text über die zweite Natur der Schlange. Ihre Augen trüben sich, wenn sie altert (vgl. Adler, S. 74). Um sich zu verjüngen, fastet sie vierzig Tage, damit ihre Haut schlaff wird, preßt ihren Leib durch eine Felsspalte und streift so die alte Haut ab. Diese Eigenart der »klugen Schlangen« (Matthäus 10, 16) wird als vorbildhaft für den Gläubigen beschrieben, der zum ewigen Leben strebt.

Eine dritte Natur der Schlange bezieht sich auf die Eigenschaft der Schlangen, die, wenn sie Wasser aus der Quelle trinken, ihr Gift nicht mitbringen, sondern in ihrer Höhle zurücklassen. Der Text deutet dies als eine Notwendigkeit für die Gläubigen, beim Weg zum ewigen Leben alle Schlechtigkeit abzustreifen und zurückzulassen.

Der vierten Natur der Schlange ist eine in den Text integrierte prunkvolle Miniatur gewidmet. Sie stellt einen Schlangentöter dar, der mit einem Speer auf die sich windende Schlange einsticht. Im Text wird ausgeführt, daß die Schlange dem, der sie töten will, den Körper preisgibt, den Kopf aber schützt. In allegorischer Hinsicht erfährt dieser Sachverhalt damit Begründung, daß der Christ in den Zeiten der Versuchung und Verfolgung den ganzen Leib ausliefern, das Haupt aber, d.h. Christus, bewahren soll: »Denn eines jeden Mannes Haupt ist Christus« (1. Korintherbrief 11, 3).

SYMBOLIK
Die vier Naturen der Schlange: klug und listig, sündhaft und bösartig.

MEDIZINISCHE WIRKUNG
Schlangengifte fanden in Pharmazeutica vielfältige Verwendung.

Bern, Burgerbibliothek, Codex Bongarsianus 318, Blatt 12v

DE QUARTA NATR SERPETS

Quando uenerit homo & uoluerit
occidere eum totum corpus tradit
caput aut custodit. Debemus & nos
intempore temptationis totum cor
pus tradere. caput aut custodire idē
xpm nonnegantes sicut fecerunt
scī martyres omnis enim caput xps est

DE NATR FORMICAE

Quando recondit triticum interra diuidit & grana euus
induas partes nefortehiems conphendit eam & infundens
pluuia & germinent grana & same pereant. Et tu uerba
ueteris testamenti adspiritalem intellectum nequan
dolittera occidit. Paulus dix qm lex spiritalis est. Solum
enim carnaliter adtendentes iudei same negatisunt
& homicide factisunt prophetarum

DE NATR FORONICES SECDO

Sepius inagrouadit ascendit inspi
ca intempore messis & deponit gra
na euis priusquam ascendit adorat
deorsum spicam & ab odore magna

PANTHER, *Panthera*

Im Typus erinnert der majestätisch ausschreitende Panther an die Gestalt des Löwen (S. 72). Drei Tiere (Hirsch, Fuchs und Wildschwein) springen auf ihn zu. Auf der Kuppe des kräftig modellierten Hügels in der rechten Bildhälfte taucht eine gefährliche Feindin des Panthers, die giftsprühende Schlange (S. 76), auf. Am Horizont deuten hellere Farbstreifen das Anbrechen des Tages an.

Der Physiologus beschreibt den Panther als Freund aller Tiere, nur dem Drachen ist er feindlich gesinnt. Sein Aussehen wird als bunt und ganz gesprenkelt beschrieben, sein Verhalten aber als sehr sanft. Wenn er gefressen hat und satt ist, schläft er in seiner Höhle, und am dritten Tag erhebt er sich vom Schlaf, geht hinaus und brüllt mit mächtiger Stimme. Von seiner Stimme geht die Süßigkeit von Gewürzen aus, und jene, die nah und fern von ihm sind, folgen seiner Stimme, um von ihrem Duft erfüllt zu werden.

In der christologischen Ausdeutung bedeutet dies, daß auch Jesus Christus am dritten Tag von den Toten auferstanden ist und alle, die nahe und ferne sind, mit der Süße des Glaubens erfüllt. Ähnlich wie bei der Symbolik des Löwen (S. 72) ist diese Eigenschaft eine Anspielung auf die Auferstehung Christi. Das bunte Aussehen des Panthers wird mit den Tugenden Christi in Beziehung gesetzt, der Reinheit, Erbarmen, Glaube, Tugend, Großmut, Eintracht und Friede in sich verkörpert. Der Panther ist ein anschauliches Beispiel dafür, wie im Physiologus jedes Charakteristikum eines Tieres auf Christus hin Deutung erfahren kann.

SYMBOLIK
Symbol für die Auferstehung und die Tugenden Christi.

Bern, Burgerbibliothek, Codex Bongarsianus 318, Blatt 15r

herodi, diaboli sic ait & dic uulpi illi, & incanta
tis canticorum. capite nobis uulpes exterminan
tes uineam di & qua uinea dauid dixit.

DE ANIMALE QUIDICIT PANTHER

Propheta sic dicit factussum sicut parter indomo
effrem. phisiolocus sic testificat depantterio qritalis
e natura eius ut omnium animalium sit amicus
inimicus aute e draconis. Yarum enim aspectus
illius sicut tonica ioseph diam & totus uarius est.
Tacturnum e animal & mansuetus ualde. siuit
manducauerit & sacius fuerit dormit insua spe
lunca & t͡cia die exsurgt desomno & cumsurrexe
rit delocosuo & foris exierit uociferat uocemagna

SALAMANDER, *Salamandra*

Die Miniatur zum Salamander ist nicht gerahmt wie die meisten anderen in der Handschrift, sondern direkt in den Text eingefügt. Für den Bildinhalt wählt der Miniator das Motiv mit dem Salamander in einem Badezuber. Die Darstellung des Reptils als behaarter und gehörnter Satyr mit buschigen Augenbrauen und struppigem Bart ohne jede Andeutung eines tierähnlichen Wesens dürfte mit einer Übernahme aus einer älteren Bildvorlage zu erklären sein. Der Erdboden ist durch breite rötliche und gelbe, schräg geführte Pinselstriche angegeben, aus dem im Verhältnis zum Hauptmotiv winzig kleine Bäume und Sträucher hervorsprießen.

Der Name »Salamander« geht vermutlich auf einen orientalischen Ursprung zurück und setzt sich aus dem arabisch-persischen Wort *samandra* (Gift) und der Silbe *al* zusammen. Basierend auf den Vorstellungen antiker Autoren verbreitete sich bald die Legende von der Feuerfestigkeit und der Giftigkeit des Tieres. Danach vermag der Salamander unversehrt ein Feuer zu durchschreiten, gleichzeitig aber auch alles durch seine bloße Berührung zu vergiften. Das Mittelalter sah aufgrund der antiken Überlieferung den Salamander als einen Elementargeist und Beherrscher des Feuers, begabt mit der Kraft, dieses selbst löschen zu können. Daraus entwickelte sich die Interpretation des Salamanders auf Christus, dem die (moralische) Fähigkeit zugeschrieben wurde, schlechte Feuer zu löschen und gute zu entfachen.

Auf Maria fand der Salamander deshalb Anwendung, da ihr das Feuer der Erbsünde keinen Schaden zufügen konnte und sie die Flammen der Begierde anderer zu löschen vermochte. Im allgemeinen Sinn steht der Salamander als Sinnbild für Läuterung und Reinheit.

Der Text des Physiologus beschreibt die Natur des Salamanders, indem er erzählt, wie das Feuer verlöscht, wenn der Salamander in einen Feuerofen hineingeht oder, wie das ganze Bad kalt wird, wenn dieser ein Bad betritt. Die biblische Parallele zu dieser Erzählung liegt im Bericht der drei Jünglinge im Feuerofen, die im Gegensatz zu ihren Widersachern unversehrt blieben, weil Christus sie mit seiner Kraft stärkte (Daniel 3, 19-30). Die Fähigkeit des Salamanders, Feuer auszulöschen, wird mit den Gerechten verglichen, die auf dem Pfad der Gerechtigkeit wandeln, das Feuer auslöschen und dem Löwen den Rachen stopfen.

SYMBOLIK
Christus als Beherrscher des Feuers, Sinnbild der Läuterung und Reinheit.

Bern, Burgerbibliothek, Codex Bongarsianus 318, Blatt 17v

&ininfrioraterrę psecutuseste eum. Et effundens
delateresuo sanguinem & aquam & effugauit
draconem plauacrum regenerationis & diaboli
opera amputauit.

DE NATR ANIMALIS QUIDITSALAMAN
DRA

Hic si introierit infornace migniis extinguitur ignis
aut inbalneo si introierit totus balneus frigidus effici
tur. Ita erant corpora triumpuerorum quos ignis
non lesit. Sed magis aduersarios teagit qui eos infor
nacē xps suauirtute roborauit

ELEFANT, *Elifantus*

Die Ausführungen des Physiologus zum Elefanten, welchem das Vorrecht, das größte Tier zu sein, zugeordnet werden kann, sind in zwei Kapitel aufgeteilt, wobei jedes mit einem Bild illustriert ist. Einen lebenden Elefanten hat der Verfasser des Tierbuches sicher nie gesehen. Umso intensiver wird der geistlich-allegorischen Bedeutung des Tieres nachgegangen. Der Elefant erfuhr in der griechischen und römischen Literatur mit den Eigenschaften Klugheit, Keuschheit, Gelehrigkeit, Sanftmut und Hilfsbereitschaft durchwegs eine positive Bewertung. Daran schließt sich die mittelalterliche und neuzeitliche Allegorik an, welche dem Elefanten die Religion zuordnet. Das makellose weiße Elfenbein dient häufig als Vergleichsgegenstand für die Reinheit der Jungfrau Maria.

Das erste Kapitel über den Elefanten trägt die Überschrift »Elefant und Mandragora« und enthält die Erzählung über das Geschlechtsverhalten der Elefanten: Diese wandern ins Morgenland, nahe dem Paradies, um dort vom Mandragorabaum zu fressen, bevor sie sich geschlechtlich vereinigen. Diese Begebenheit wird als Hinweis auf den Sündenfall ausgelegt. Die Miniatur zeigt den Elefanten, wie er zum Paradiesesfluß schreitet, um zum Mandragorabaum zu gelangen. Im Vordergrund schlängelt sich eine Schlange (vgl. S. 76), die Erbfeindin des Elefanten, am Boden. Vor ihr muß der männliche Elefant den weiblichen während des Geburtsvorganges schützen. Die Schlange lauert nämlich auf die Geburt des jungen Elefanten und will ihn verschlingen. Die Tragzeit des Elefanten beträgt zwei Jahre, und das Weibchen bringt nur einmal in seinem Leben ein einziges Junges zur Welt. Ist die Zeit der Geburt gekommen, geht die Elefantenmutter hinaus zu einem Gewässer, bis ihr das Wasser zur Brust steigt. Das Neugeborene treibt auf dem Wasser und saugt an seiner Mutter sieben Tage lang. Wenn das Junge auf seinen eigenen Beinen gehen kann, kommt es zusammen mit seinen Eltern aus dem Wasser heraus.

Was die Darstellung des Elefanten betrifft, so ist auffällig, wie authentisch die Miniatur in vielen Einzelheiten ist, z.B wird der Elefant in grauer Farbe wiedergegeben. Das zweite dem Elefant gewidmete Kapitel mit der Miniatur auf Blatt 19v enthält jenen Teil der Erzählung, der von zwölf umgestürzten Elefanten berichtet, die von einem kleinen Elefanten wieder aufgerichtet werden. Man vermutete, daß Elefanten sich nicht mehr erheben könnten, wenn sie niederfielen, weil sie keine Kniegelenke besäßen, eine Ansicht, die bereits von Aristoteles bestritten wurde und trotzdem immer wieder Aufnahme in die Literatur fand. Aufgrund dieses anatomischen Umstandes lehnt sich der Elefant an einem Baum, wenn er schlafen will. Offensichtlich ist die Miniatur um 90 Grad auf der Seite gedreht, um mehr Platz für die Darstellung zu gewinnen. Im Physiologus werden die zwölf Elefanten mit den Propheten und der kleine Elefant mit dem rettenden Christus gleichgesetzt, der sich erniedrigt und die Gestalt eines Knechtes annimmt, um so die Gefallenen wieder vom Boden aufrichten zu können.

SYMBOLIK
Klugheit, Keuschheit, Sanftmut und Hilfsbereitschaft.

Bern, Burgerbibliothek, Codex Bongarsianus 318, Blätter 19r und 19v

Mare mundus est. Nauis scā ecc̄la in quibus i[n]
populi dī. Hic aut̄ piscis diabolus est qui transfigu
rat se uelut in angelo lucis ut incautas animas
facilius possit decipere.

DE ELIFANTO ET MANDRACORA

Non est coitur[us] concupiscentiae qui[n]do noluerint
facere iunctionem ambulant sup[er] flumen p[ro]p[t]e[r]
di. & inueniunt mandracoram quis & eu[m] femina
discurrit. Accipiens uero femina mandracora
praestat masculo & ludit cum eo donec manduc[et]
Et cum manducauerit masculus conuenit cum

femina & concipi[t]. Cum ergo temp[us] uene
rit ut gener[et] intrat in stagnum aquae & fil[iū]
aqua ad mamillas eius & dimittit natum. Ut na
uigando sup[er] aquas proximum habeat natem ma
tris suae. Serpens aut̄ inimicus est aelifanto quia
pedibus suis interficit eum.

SCHÖPFUNGSZYKLUS

Die Miniaturen dieses Bestiariums sind nach den Schöpfungstagen (Genesis 1, 1-2, 25) gegliedert und zeigen Gottvater, der mit seinen Füßen auf der Erde steht, wie er die Wasser über dem Himmel von denen unter dem Himmel scheidet, außerdem, wie er auf der Erde steht, aus der die Pflanzen sprießen. Eine andere Miniatur stellt dar, wie Gottvater Sonne, Mond und Sterne sowie Meeres- und Lufttiere erschafft und wie er am sechsten Schöpfungstag den Landtieren das Leben gibt.

In der vorliegenden Miniatur (6v) sind die Landtiere in vier Bildstreifen angeordnet und gut erkennbar: ganz oben der Elefant, darunter Hase, Kater und Eichhörnchen, dann Löwe und Hund, ganz unten Widder, Ziegenbock, Rind, Pferd und Hirsch. Auf der gegenüberliegenden Seite (Blatt 72) ist die Erschaffung Evas dargestellt.

Der biblische Schöpfungsbericht mit den dazugehörigen Miniaturen steht als geschlossener Bilderzyklus vor dem Beginn des eigentlichen Textes über die Auslegung der Natur der Tiere. Deren Darstellung ist immer auf den in der linken Bildhälfte dargestellten Christus bezogen. So wird bereits aus dieser Konzeption deutlich, daß das Bestiarium als »geistliches Lehrbuch« mit einer starken christologischen Orientierung angelegt ist. Die Natur erhält somit nicht aus sich selbst den eigentlichen Wert, sondern erfährt ihre Bedeutung immer aus dem »Größeren« des christlichen Schöpfungsgeheimnisses.

Mehrfach geht dem eigentlichen Inhalt der Bestiarien ein eigenständiger Bilderzyklus mit Darstellungen der Schöpfungstage und der Namensgebung der Tiere voran, wofür die in Deckfarben ausgeführten und gerahmten Miniaturen im Ms. Ashmole 1511 der Bodleian Library in Oxford, Blatt 4r – 9r eindrucksvolle Beispiele vom Beginn des 13. Jahrhunderts darstellen. Auffallend ist das intensive Interesse des Zisterzienserordens an der Gattung Bestiarium, das bis in das späte 13. Jahrhundert anhält.

DER SECHSTE SCHÖPFUNGSTAG
Die Erschaffung der Landtiere.

*Oxford, Bodleian Library,
Ms. Ashmole 1511, Blatt 5r*

*Oxford, Bodleian Library,
Ms. Ashmole 1511, Blatt 6r*

*Oxford, Bodleian Library,
Ms. Ashmole 1511, Blatt 6v*

DER BAUM PEREDEXION, *Peredexion*

Der Baum Peredexion ist ein Wunderbaum in Indien, dessen Früchte wohlschmeckend süß sind. Tauben wohnen im Baum, bauen in ihm ihre Nester und verzehren seine Früchte. Unter dem Baum lauert ein Drache; wo jedoch der Schatten des Baumes hinfällt, kann er sich nicht aufhalten. Wenn eine Taube diesen Schatten verläßt, wird sie vom Drachen getötet. Wenn sich der Schatten des Baumes nach der Gegend des Sonnenunterganges neigt, flieht der Drache gegen Sonnenaufgang, kommt der Schatten aber nach Sonnenaufgang, flieht er in die Richtung des Sonnenunterganges.

Gleichnishaft ist unter dem Baum Gottvater zu verstehen, unter dem Schatten des Baumes sein Sohn, wie der Erzengel Gabriel bei der Verkündigung zu Maria sprach: »Die Kraft des Allerhöchsten wird dich überschatten« (Lukas 1, 35). Die himmlische Frucht des Baumes kann als die Weisheit des Heiligen Geistes gedeutet werden, die der Mensch in Sakramenten empfangen hat. Wenn die Menschen sich an diese Weisheit halten, werden sie die Früchte des Geistes wie Freude, Friede, Enthaltsamkeit und Langmut essen. Dadurch kann der Menschheit der arge Feind nicht nahekommen und Werke der Finsternis wie Unzucht, Unkeuschheit, Götzendienst, Leidenschaft, böse Begierde und Habsucht verbreiten. Der Text hält somit für den Menschen

den Ratschlag bereit, sich wie die Tauben nie vom rettenden Lebensbaum und seinem Schatten, d.h. von Gottvater und seinem Sohn zu entfernen, da er sonst unweigerlich ein Opfer des Drachens, d.h. des Teufels wird.

Die Miniatur im Oxforder Bestiarium, gehört ohne Zweifel zu den dekorativsten der ganzen Handschrift. Den Textinhalt, der nur von einem Drachen spricht, verändert sie, indem in kompositorisch überzeugender Symmetrie der Kampf zwischen paarweise angeordneten Tauben und zwei am Boden befindlichen Drachen dargestellt wird.

SYMBOLIK
*Der Baum als Symbol für Gottvater.
Der Mensch soll sich nie vom rettenden Lebensbaum entfernen.*

*Oxford, Bodleian Library,
Ms. Ashmole 1511, Blatt 81r*

*Oxford, Bodleian Library,
Ms. Ashmole 1511, Blatt 77v*

PELIKAN, *Pelicanus*

Zu den Vogelarten, die keiner der Leser der Bestiarien jemals zu Gesicht bekommen konnte, gehört auch der Pelikan, der in den Einöden Ägyptens am Nilfluß lebt. Die ihm zugeschriebene Lebensweise eröffnet eine Deutung von großer symbolischer Bedeutung: Der Pelikan ist voller Liebe zu seinen Kindern, die ihm diese schlecht vergelten. Wenn sie größer werden, schlagen sie ihren Elten ins Gesicht, diese aber schlagen zurück und töten sie. Drei Tage trauern die Eltern um ihre Kinder. Nach drei Tagen durchstößt die Mutter ihre eigenen Rippen und legt sich mit geöffneter Seite über die Jungen, sodaß ihr Blut über sie hinfließt und sie wieder zum Leben erweckt.

Der Pelikan ist ein Sinnbild Christi, während Ägypten mit der Finsternis gleichzusetzen ist. Wie der Pelikan mit seinem Schnabel die Jungen tötet, so vernichtet Christus die Ungläubigen mit den Worten seiner Predigt. Er muß aber über sie weinen, wie Christus über den toten Lazarus geweint hat. Nach drei Tagen erweckt er sie mit seinem Blute wieder zum Leben, was bereits früh auf Christi Auferstehung bezogen wurde. Aus diesem Grund wird der Pelikan im Mittelalter als Symbol Christi und der Selbstaufopferung am Kreuz dargestellt und auch im Kirchenlied entsprechend angesprochen (»O Pelikan voll Güte, Herr Jesus!«). Das Auftreten des Pelikanmotivs auf Tabernakeltüren und Monstranzen verdeutlicht zusätzlich den symbolischen Bezug zur Eucharistie.

Dem Pelikan werden aber zudem Eigenschaften des Einsiedlers zugesprochen, da er nur soviel Speise zu sich nimmt, als zur Erhaltung des Lebens nötig ist. Der biblische Hintergrund hierfür findet sich im Psalter: »Ich bin gleich einem Pelikan in der Wüste« (Psalm 102 [101], 7).

Das komplexe Geschehen der Legende des Pelikans wird in der Miniatur in Registerform in drei Abschnitte zerlegt, von denen der rechte das Hauptthema, die Selbstaufopferung des Pelikans, zeigt.

SYMBOLIK
Sinnbild für den Opfertod Christi.

Oxford, Bodleian Library, Ms. Ashmole 1511, Blatt 46v

LÖWE, *Leo*

Der Löwe gehört zu den symbolträchtigsten Tieren. Nicht ohne Grund steht er deshalb am Beginn des Physiologus. Wie der Adler König aller Vögel ist, so kann der Löwe als König aller Vierfüßler bezeichnet werden.

Nach dem Physiologus hat der Löwe drei Hauptnaturen: Seine erste Natur besteht darin, daß er es liebt, über die Höhen der Berge zu streifen. Mit seinem Schwanz tilgt er die Spuren seines Geruches, so daß ihn Jäger nicht aufzuspüren vermögen. Dieser Sachverhalt erfährt christliche Ausdeutung, indem Christus, der Löwe vom Stamm Juda (Genesis 49, 9; Apokalypse 5, 5), die Spuren seiner Gottheit versteckt hat, um durch seine Menschwerdung das umherirrende Menschengeschlecht zu erretten.

Die zweite Natur des Löwen ist dadurch charakterisiert, daß er beim Schlafen die Augen offenhält. Dies interpretierte man auf Christus dahingehend, daß der Gottessohn, der am Kreuz stirbt, begraben wurde, während seine Gottheit wacht und zur Rechten des Vaters sitzt, worauf Psalm 121 (120), 4 anspielt: »Siehe, nicht schläft und schlummert, der Israel bewacht«. Der mit geöffneten Augen schlafende Löwe prägte das Bild des Kruzifixus mit geöffneten Augen.

Die dritte Natur des Löwen bedeutet, daß die Löwin ihre Jungen tot zur Welt bringt. Dann bewacht sie die Jungen drei Tage lang, bis am dritten Tag der Vater kommt, ihnen ins Antlitz bläst und sie durch sein Brüllen zum Leben erweckt. So wurde auch Christus am dritten Tag von den Toten auferweckt.

In der Literatur und Kunst des Mittelalters bietet der Löwe ein höchst widersprüchliches Bild, vom »Teufel, der herumgeht wie ein brüllender Löwe« (1. Petrusbrief 5, 8) bis zum siegreichen Löwen der Apokalypse (5, 5) »aus dem Stamm Juda, der Sproß aus der Wurzel Davids«. Zudem wird der Löwe häufig als König und Richter bzw. als Sinnbild imperialer Macht angesehen.

Wie auch in anderen Miniaturen der Handschrift, die eine umfangreichere Symbolik zu den bedeutenderen Tieren zeigen, enthalten die beiden Seiten des Bestiariums je drei Register, in denen die verschiedenen Naturen des Löwen vorgeführt werden.

SYMBOLIK

Die drei Naturen des Löwen: Christus als der »Löwe von Juda«, Christus wachend und schlafend zugleich, der Löwe als Sinnbild der Auferstehung Christi.

Oxford, Bodleian Library, Ms. Ashmole 1511, Blatt 10v

Einhorn, *Unicornis*

Das Einhorn, ein Phantasietier aus der Sagenwelt des Mittelalters, ist ein kleines Tier mit einem Horn in der Mitte der Stirn. Im Mittelalter wird es als gazellen- oder pferdeähnliches Wesen dargestellt. Kein Jäger vermag es zu erlegen oder zu fangen. Wenn man aber ein jungfräuliches Mädchen dorthin führt, wo sich das Einhorn aufhält, springt es in den Schoß des Mädchens und kann so mühelos erlegt werden (»mystische Einhornjagd«). Der Todesstoß, den das Einhorn erhält, wurde mit dem Opfertod Christi in Verbindung gebracht. Nach der Lesart des Physiologus hat die Jungfrau Macht über das Einhorn, das ihr in den Schoß gesprungen ist, und sie bringt es in das Königsschloß. Konrad von Megenberg hebt in seinem »Buch der Natur« (1348/1350) den Bezug zur Menschwerdung Christi hervor und betont die Anziehungskraft der Keuschheit: »Wenn das Einhorn daherkommt, so legt es all seine Grimmigkeit ab und verehrt die Reinheit des keuschen Leibs an der Jungfrau«.

Mit der Symbolik des Einhorns in Zusammenhang ist ein Spruch des Zacharias, des Vaters des Täufers, zu deuten: »Er hat uns ein Horn des Heiles erweckt im Hause seines Sohnes David« (Lukas 1, 69). Der Physiologus führt in Zusammenhang mit dem Einhorn noch ein anderes Geschehen an: Eine Schlange speit Gift in einen großen See und macht das Wasser damit ungenießbar. Die anderen Tiere, die das Gift spüren und nicht zu trinken wagen, warten auf das Einhorn, das mit dem Horn ein Kreuz in das Wasser schlägt und damit die Wirkung des Giftes zunichte macht. Nachdem das Einhorn getrunken hat, trinken auch alle anderen Tiere.

SYMBOLIK
»Mystische Einhornjagd«, Sinnbild Marias

Oxford, Bodleian Library, Ms. Ashmole 1511, Blatt 21r

Oxford, Bodleian Library, Ms. Ashmole 1511, Blatt 14v

Auswahlbibliographie

Anderson, Frank J., *An Illustrated History of the Herbals*, New York 1977

Behling, Lottlisa, *Die Pflanze in der mittelalterlichen Tafelmalerei*, Weimar 1957

Behling, Lottlisa, *Die Pflanzenwelt der mittelalterlichen Kathedralen*, Köln/Graz 1964

Biedermann, Hans, *Medicina magica. Metaphysische Heilmethoden in spätantiken und mittelalterlichen Handschriften*, Graz 1972

Blunt, Wilfrid/Sandra Raphael, *The Illustrated Herbal*, London/New York 1979

Brunner, Karl, ›Virtuelle und wirkliche Welt. Umweltgeschichte als Mentalitätsgeschichte‹, in Konrad Spindler (Hrsg.), *Mensch und Natur im mittelalterlichen Europa. Archäologische, historische und naturwissenschaftliche Befunde* (Schriftenreihe der Akademie Friesach 4), Klagenfurt 1998, 327–344

Clark, Willene B./Meradith T. McMunn (Ed.), *Beasts and Birds of the Middle Ages. The Bestiary and Its Legacy*, Philadelphia 1989

Cogliati Arano, Luisa (Hrsg.), Schipperges, Heinrich, Schmitt, Wolfram (Einf.), *Tacuinum Sanitatis. Das Buch der Gesundheit*, München 1976

Curtius, Ernst Robert, ›Rhetorische Naturschilderung im Mittelalter‹, in *Romanische Forschungen* 56 (1942), 219–256

Delisle, Léopold, ›Traités d'Hygiène du Moyen Âge‹, in *Journal des Savants* Jg. 1896, September, 518–540

Fischer, Hermann, *Mittelalterliche Pflanzenkunde*, München 1929

Ganzenmüller, Wilhelm, ›Das Naturgefühl im Mittelalter‹, in *Beiträge zur Kulturgeschichte des Mittelalters und der Renaissance* 18, Leipzig/Berlin 1914

George, Wilma/Brunsdon Yapp, *The Naming of the Beasts. Natural History in the Medieval Bestiary*, London 1991

Grape-Albers, Heide, *Spätantike Bilder aus der Welt des Arztes. Medizinische Bilderhandschriften der Spätantike und ihre mittelalterliche Überlieferung*, Wiesbaden 1977

Gurjewitsch, Aaron J., *Das Weltbild des mittelalterlichen Menschen*, Moskau 1972

Hassig, Debra, *Medieval Bestiaries. Text, Image, Ideology*, Cambridge 1995

Hassig, Debra (Ed.), *The Mark of the Beast. The Medieval Bestiary in Art, Life, and Literature*, New York/London 1999

Das Hausbuch der Cerruti. Nach der Handschrift in der Österreichischen Nationalbibliothek. Übertragung aus dem Lateinischen und Nachwort von Franz Unterkircher, Dortmund 1979

Heilmeyer, Marina, *Die Sprache der Blumen. Von Akelei bis Zitrus*, München/London/New York 2000

Henkel, Nikolaus, ›Studien zum Physiologus im Mittelalter‹, in *Hermaea* N. F. 38, Tübingen 1976

Von der gesunden Lebensweise. Nach dem alten Hausbuch der Familie Cerruti, München/Wien/Zürich 1985

Lexikon des Mittelalters, Bd. I, München/Zürich 1980, 2072–2080 (Bestiarium), *Bd. V*, München/Zürich 1991, 1476–1480 (Kräuterbücher), *Bd. VI*, München/Zürich 1993, 2117–2122 (Physiologus)

Lund, Cornelia, ›Bild und Text in mittelalterlichen Bestiarien‹, in Febel, Gisela/Georg Maag (Hrsg.), *Bestiarien im Spannungsfeld zwischen Mittelalter und Moderne*, Tübingen 1997, 62–74

McCulloch, Florence, *Medieval Latin and French Bestiaries* (University of North Carolina, Studies in the Romance Languages and Literatures 33), Chapel Hill 1960

Modersohn, Mechthild, ›Natura als Göttin im Mittelalter. Ikonographische Studien zu Darstellungen der personifizierten Natur‹ (Acta humaniora), Berlin 1997

Murray Jones, Peter, *Heilkunst des Mittelalters in illustrierten Handschriften*, Stuttgart 1999

Pächt, Otto, ›Early Italian Nature Studies and the Early Calendar Landscape‹, in *Journal of the Warburg and Courtauld Institutes* 13 (1950), 13–47

Pächt, Otto, ›Eine wiedergefundene Tacuinum-Sanitatis-Handschrift‹, in *Münchner Jahrbuch der bildenden Kunst* 3. F. 3/4 (1952/1953), 172–180

Payne, Ann, *Medieval Beasts*, London 1990

Der Physiologus. Übertragen und erläutert von Otto Seel, Zürich/München [3]1976

Physiologus. Naturkunde in frühchristlicher Deutung, hrsg. von Ursula Treu, Hanau [3]1998

Physiologus Bernensis. Voll-Faksimile-Ausgabe des Codex Bongarsianus 318 der Burgerbibliothek Bern. Wissenschaftlicher Kommentar von Christoph von Steiger und Otto Homburger, Basel 1964

Reddig, Wolfgang F., *Bader, Medicus und Weise Frau. Wege und Erfolge der mittelalterlichen Heilkunst*, München 2000

Schipperges, Heinrich, *Der Garten der Gesundheit. Medizin im Mittelalter*, München/Zürich 1985

Schipperges, Heinrich, *Die Kranken im Mittelalter*, München 1990

Schlosser, Julius von, ›Ein veronesisches Bilderbuch und die höfische Kunst des XIV. Jahrhunderts‹, in *Jahrbuch der Kunsthistorischen Sammlungen des Allerhöchsten Kaiserhauses* 16 (1895), 144–230

Tacuinum sanitatis in Medicina. Vollständige Faksimile-Ausgabe im Originalformat des Codex Vindobonensis series nova 2644 der Österreichischen Nationalbibliothek. Kommentar, Einführung, Transkription und deutsche Übersetzung der Bildtexte von Franz Unterkircher, englische Übersetzung der Bildtexte von Heide Saxer und Charles H. Talbot (Codices selecti, Facsimile VI, Commentarium VI), Graz [2]1986

Theatrum Sanitatis. Zwölf farbige Miniaturen aus einer italienischen Handschrift der Renaissance. Mit einer Einleitung von Marie Luise Kaschnitz, Baden-Baden 1947

Unterkircher, Franz, *Tiere, Glaube, Aberglaube. Die schönsten Miniaturen aus dem Bestiarium*, Graz 1986

Wickersheimer, Ernest, ›Les Tacuinum Sanitatis et leur traduction allemande par Michel Herr‹, in *Bibliothèque d'Humanisme et Renaissance* 12 (1950), 85–97

Zimmermann, Albert/Andreas Speer (Hrsg.), ›Mensch und Natur im Mittelalter‹ (Miscellanea Mediaevalia 21/1–2), Berlin/New York 1991–1992

Index zu den im Text behandelten Objekten, Pflanzen und Tieren

Die lateinischen Bezeichnungen im Index können
sich von denen im beschreibenden Text unterscheiden,
da diese dort immer in der Originalschreibweise der
Handschriften zitiert sind.

Bildnachweis

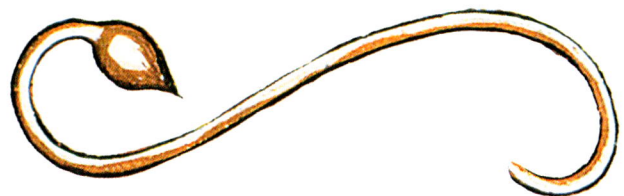